Immanuel Kant

Was ist Aufklärung?
Was heißt: sich im Denken orientieren?
Zum ewigen Frieden.

In Einfacher Sprache

Inhalt

Anmerkung:

Die klein gesetzten Passagen im Text sind Kants Fußnoten. Sie müssen nicht mitgelesen werden. Sie können aber helfen.
Einige Fußnoten haben wir weggelassen. Sie beschäftigen sich nur mit Dingen außerhalb des Textes, wie Verhältnisse in China oder Auseinandersetzungen mit Kollegen.

Kants Leben

Immanuel Kant wurde am 22. April 1724 in Königsberg an der Ostsee geboren. Er starb dort am 12. Februar 1804.

Kant war der Sohn eines Sattlers. Er wurde ein wichtiger deutscher Denker. Er lehrte lange Logik und Metaphysik an der Uni in Königsberg. Sein Buch „Kritik der reinen Vernunft“ ist sehr wichtig. Es hat die gesamte alte Philosophie verarbeitet und darauf seine Aufklärung gegründet. Man nannte ihn auch den „Alleszermalmer“.

Kant blieb sein ganzes Leben lang in Königsberg. Er machte jeden Tag pünktlich den gleichen Spaziergang. Die Leute sagten: „Nach Kant kann man seine Uhr stellen.“ Er wollte sich nur auf seine Arbeit konzentrieren. Er war nie verheiratet. Kant sagte angeblich: „Das ist wie Geige üben. Es kostet zu viel Zeit.“ Er wollte nur Denken üben.

Kant war auch oft witzig. Er lud mittags gerne Kaufleute, Seeleute, Soldaten und andere zu sich zum Essen ein. Die erzählten ihm von der Welt. Die Kämpfe für die Freiheit wie der Frieden zwischen seinem Land Preußen und Frankreich, die Französische und Amerikanische Revolution machten auf ihn großen Eindruck. Alle liebten ihn. Zu seinem Begräbnis kamen die ganze Stadt und viele andere mehr.

Kants Philosophie

Man teilt Kants Arbeit in zwei Teile: Vor und nach seinem Buch „Kritik der reinen Vernunft".

Vorher dachte Kant ähnlich wie andere Denker. Er nannte diese Zeit „dogmatischen Schlummer". Im Jahr 1770 änderte sich sein Denken. Er arbeitete nur noch an einer neuen Theorie.

In seiner „Stillen Zeit" schrieb Kant elf Jahre lang das Buch „Kritik der reinen Vernunft". Mit „Kritik" meint er eine genaue Prüfung. Es handelt von den Voraussetzungen zum Erkennen. Die „Kritik der reinen Vernunft" machte ihn berühmt. Die zweite „Kritik" handelt vom Handeln. Die dritte „Kritik" handelt vom Urteilen. Kant hat auch über Astronomie, Religion, Recht und Geschichte geschrieben.

Kant hat unsere Einstellung über Wissen und Leben verändert. Seine Ideen gelten bis heute.

Für Kant hat die Philosophie nur vier Fragen:
Was kann ich wissen?
Was soll ich tun?
Was darf ich hoffen?
Was ist der Mensch?

Beantwortung der Frage: Was ist Aufklärung?

Aufklärung ist der Ausgang des Menschen aus seiner selbst verschuldeten Unmündigkeit.

Unmündigkeit heißt abhängig. Hier heißt es: Wir denken nicht selber. Unsere Gedanken sind die von anderen. Oft haben wir nicht den Mut zum Selberdenken. Daran sind wir selbst schuld. Wir sind deshalb nicht dumm. Aber wir sind ein bisschen feige und unentschlossen.

Das Motto der Aufklärung heißt: „Trau' dich! Denk' selber nach!". Dafür braucht man Mut. Aber die meisten Menschen sind faul oder feige. Dabei sind die Gedanken eigentlich frei. Sie bleiben aber lieber unmündig. Dann entscheiden andere über sie.

Unmündig sein ist viel bequemer. Ein Buch kann mich belehren. Ein Seelsorger kann mir mein Gewissen abnehmen. Ein Arzt beurteilt meinen Zustand. Da muss ich mich selber nicht anstrengen. Ich kann dafür bezahlen. Andere übernehmen das Denken dann für mich.

Viele Menschen finden Selbstdenken beschwerlich und gefährlich. Aber auch das haben ihnen nur andere erzählt. Diese Leute wollen die Aufsicht über sie übernehmen. Sie halten uns dann gefangen wie Haustiere. Die denken, sie können nicht alleine draußen herumlaufen. Sie geben ihnen eine Laufhilfe. Die Haustiere denken aber, sie laufen selber.

Aber selbst zu laufen ist nicht besonders gefährlich. Man fällt ein paar Mal hin und steht wieder auf. Dann kann man selbst laufen. Genauso ist es mit dem Denken.

Ohne die Führung anderer auszukommen ist für einzelne Menschen schwer. Wir übernehmen lieber die Gedanken anderer. Das ist für uns fast normal geworden. Wir haben uns daran gewöhnt. Wir mögen es sogar gern. Wir haben es vielleicht noch nie probiert. Wir halten uns lieber an allgemeine Regeln und Formeln. Die kommen angeblich aus der Natur. Aber sie sind unsere Fußfesseln. Wir sind sie gewohnt. Deshalb kommen wir ohne Fußfesseln ins Stolpern. Wir kennen diese Freiheit nicht.

Nur ganz wenige können sich alleine befreien und sich direkt sicher fühlen. Viel besser können sich mehrere Leute zusammen aufklären. Das ist sogar sehr wahrscheinlich. Sogar ihre Anführer werden mitmachen. Denn sie werden alle ihre eigene Freiheit spüren.
Sie werden sich alle wertvoller fühlen.

Manchmal will sogar ein aufgeklärtes Volk weiter kontrolliert bleiben. Vor allem wenn es von einigen seiner Anführer aufgehetzt wird. Solche Anführer verstehen selbst nichts von Aufklärung. Sie wollen lieber Vorurteile verbreiten. Das ist schlecht. Am Ende leiden die Menschen unter diesen Vorurteilen.

Ein Volk wird daher nur langsam aufgeklärt. Eine Revolution kann zwar Unterdrückung beenden. Aber sie verändert nicht das Denken der Menschen. Neue Vorurteile und alte Vorurteile werden das Volk leiten.

Aufklärung braucht nur Freiheit. Vor allem die Freiheit, seine Vernunft einzusetzen und nicht gleich auf anderen zu hören. Aber man hört stattdessen: Denkt nicht nach! Ein Offizier sagt: Nicht denken, gehorchen! Ein Finanzberater sagt: Nicht denken, zahlen! Der Priester sagt: Nicht denken, glauben! (Der oberste Herr in der Welt sagt: Denkt so viel nach, wie ihr wollt. Hauptsache ihr gehorcht!).
Hier wird überall die Freiheit eingeschränkt. Aber der öffentliche Gebrauch der Vernunft kann Aufklärung unter Menschen zustande bringen. Privat kann Aufklärung sehr eingeschränkt bleiben.
Aber ein Gelehrter vor einem Publikum denkt öffentlich.

Manchmal muss man auch tun, was gesagt wird. Zum Beispiel bei der Arbeit. Sonst läuft es nicht. Da kann man nicht immer widersprechen. Aber als Teil einer größeren Gemeinschaft kann man seine Meinung sagen. Da gibt es auch bei der Arbeit keine Probleme. Aber man ist auch Teil einer Maschine, Glied eines Ganzen oder Mensch in einer Welt. Und manche Dinge müssen funktionieren.

Zum Beispiel sollte ein Soldat Befehle befolgen und nicht darüber diskutieren. Aber ein Gelehrter kann Fehler beim Militär aufschreiben und andere beurteilen lassen. Ein Bürger muss Steuern zahlen. Er kann aber nicht über Steuern diskutieren. Das könnte bestraft werden. Aber ein Gelehrter darf das kritisieren. Ein Pfarrer muss seinen Schülern und seiner Gemeinde die Bibel und die Regeln der Kirche beibringen. Dafür wurde er eingestellt. Aber als Gelehrter darf man auch seine Gedanken über Fehler in der Religion frei sagen. Er darf auch sagen, was besser wäre. Er muss kein schlechtes Gewissen haben. Denn in seinem Beruf in der Kirche erklärt er nur die Kirche. Er sagt nicht seine eigene Meinung. Er sagt: „Unsere Kirche glaubt das und das.“ Er erklärt die Regeln der Kirche seiner Gemeinde. Vielleicht ist er selbst nicht vollkommen überzeugt. Vielleicht hält er einiges für ganz falsch. Dann muss er eigentlich seinen Beruf aufgeben. Er kann seiner Gemeinde seine private Meinung sagen. Aber er soll nur seine Aufgaben erledigen.

Aber Gelehrte sprechen in ihren Texten zur ganzen Welt. Sie sollen als eigene Person sprechen. Sie sollen ruhig ihre vernünftigen Gedanken veröffentlichen. Sie denken selber. Deshalb sind sie frei.

Aber dürfte man zusammen beschließen, immer die gleichen Dinge zu verbreiten? Ich sage: Das ist ganz unmöglich. Ein Vertrag, mit dem Menschen nicht aufgeklärt werden sollen, ist null und nichtig. Sogar wenn Regierende das so bestimmen.

Die Menschen sollen in Zukunft ihre Erkenntnisse erweitern, Irrtümer beheben und in der Aufklärung vorankommen. Alles andere wäre ein Verbrechen gegen die menschliche Natur. Die soll ja gerade weiterkommen. Gesetze gegen die Aufklärung sollen die Nachkommen ablehnen. Eine großartige Gesellschaft schreibt sich die Aufklärung selbst. Dann kann man ein gutes Volk von einem schlechten Volk unterscheiden.

Würden die Menschen sich selbst dieses Gesetz geben? Vielleicht für kurze Zeit, um Ordnung zu schaffen. Dann würde jeder Gelehrte zum Beispiel an der Kirche öffentlich Kritik üben. Wenn viele die gleiche Meinung haben, kann man die Kritik vor die Regierung bringen.
So kann man zum Beispiel die Kirche verändern. Oder man lässt alles beim Alten. Aber wenn man nicht will, dass es der Menschheit besser geht, tut man eigentlich etwas Verbotenes.

Ein einzelner Mensch könnte die Aufklärung einfach aufschieben.
Aber er denkt dann nicht an die anderen. Zum Beispiel an seine Kinder und die Zukunft. Er verletzt die heiligen Rechte der Menschheit und tritt sie mit Füßen.

Sogar ein König darf eigentlich nicht allein etwas für das Volk entscheiden. Er muss den Willen des Volkes vertreten. Erst die Anerkennung des Volkes macht ihn mächtig. Der König soll machen, was der Seele der Menschen guttut. Er soll aufpassen, dass einer den anderen nicht daran hindert, im Leben weiter zu kommen.
Es schadet ihm selber, wenn er sich einmischt. Die Menschen sollen miteinander reden. Der König kann nicht befehlen, dass alle denken und handeln wie er. Denn ein König steht nicht über solchen Diskussionen. Er darf auch nicht seine Ideen oder eine Religion gegen seine Untertanen richten.

Leben wir jetzt in einer aufgeklärten Zeit? Die Antwort ist: Nein. Aber wir leben in der Zeit der Aufklärung.

Im Moment können wir die Religion noch nicht ohne Leitung eines Anderen erklären. Aber jetzt ist das Feld dafür geöffnet. Alle können sich frei darin bewegen. Und die Hindernisse zur Aufklärung werden immer weniger. Dafür gibt es viele Zeichen.

Wir leben im Zeitalter der Aufklärung. Im Jahrhundert von Fürst Friedrich dem Großen. Mein Fürst will den Menschen in Religion nichts vorschreiben. Das sieht er als seine Pflicht. Der Fürst will ihnen die Freiheit geben. Er will andere nicht nur „dulden". Das fände er hochmütig. Deshalb ist er selbst aufgeklärt. Er verdient Lob von der Welt und von späteren Generationen. Denn er hat als erster Regierender die Menschen von ihrer Abhängigkeit befreit. Unter ihm ist jede Person frei. Jeder darf seine eigene Vernunft nutzen.

Auch Geistliche und Gelehrte dürfen neben ihrer Amtspflicht frei ihre Meinung sagen. Sie können ihre eigenen Ideen zur Prüfung vorlegen; und alle anderen noch mehr. Diese Freiheit breitet sich überall aus. Sogar, wenn die Regierung etwas falsch versteht und man für seine Ideen kämpfen muss. Sie wissen: Wo Ruhe und Einigkeit herrscht, haben sie Frieden. Die Menschen werden von selbst besser, wenn man sie nicht mit Absicht unwissend hält.

Ich sage: Aufklärung ist wichtig. Aufklärung heißt, dass Menschen selbst denken. Ich habe besonders für die Religion gesprochen. Denn in der Kunst und Wissenschaft sind die eigenen Ansichten uninteressant. Auch die Herrscher wollen da nicht über die Menschen bestimmen. Aber die Bestimmung anderer über mich in der Religion ist schlecht und erniedrigend.

Ein Staatsoberhaupt, das freies Denken erlaubt, versteht etwas Entscheidendes. Es erlaubt den Menschen, ihre Meinung zu sagen. Sie dürfen über Gesetze nachdenken und Kritik üben. Solche Herrscher müssen keine Gewalt mehr ausüben. Denn sie sind selber frei. Und wir verehren sie.

Ein kluger Herrscher ohne Angst und mit viel Macht kann natürlich locker sagen: Denkt so viel und über was ihr wollt, Hauptsache ihr gehorcht! Das wäre aber ein Widerspruch.

Mehr Freiheit kann den Geist der Menschen einschränken. Weniger Freiheit kann den Geist wachsen lassen. Denn bei mehr Freiheit merkt man es gar nicht so. Bei weniger Freiheit will man mehr Freiheit. Die Natur lässt unsere Freiheit wachsen wie eine Pflanze. Das freie Denken wird dann immer größer und erstreckt sich über das ganze Volk und dann auch auf die Regierung. Sie findet es dann selbst viel besser, die Menschen besser zu behandeln. Denn Menschen sind mehr als Maschinen.

Geschrieben in Königsberg in Preußen, am 30. September 1784.
Von I. Kant.

PS
Heute habe ich mitbekommen, dass mein Kollege Moses Mendelssohn die Frage „Was ist Aufklärung?“ schon früher beantwortet hat. Das wusste ich nicht. Ich habe seinen Text noch nicht gelesen. Vielleicht hätte ich meinen Versuch einer Antwort dann nicht geschrieben. Denn vielleicht denken wir dasselbe.

Was heißt: sich im Denken orientieren?

Gegen den Aberglauben und über die Pflicht der Vernunft

Wir können unsere Gedanken sehr kompliziert machen. Wir können uns weit davon entfernen, was wir sehen und fühlen. Aber wir denken dann immer noch mit Bildern. Diese Bilder helfen uns, die Gedanken zu verstehen. Denn wie könnten wir unseren Gedanken einen Sinn geben? Nur wenn wir uns etwas vorstellen können. Das muss etwas sein, was wir vielleicht erleben könnten. Wenn wir ohne Bilder denken, bleibt ein reiner Gedanke übrig. Dieser Gedanke ist dann allgemeiner und gibt uns eine Regel für das Denken. So sind die allgemeine Logik und andere Methoden entstanden. Diese Methoden sind noch nicht alle entdeckt. Sie können aus unseren Erfahrungen kommen. Sie können der Philosophie helfen. Sie können uns neue wichtige Regeln geben. Auch wenn wir Dinge nicht sehen oder fühlen können und über sie nachdenken. Das nennt man „abstrakt". Der Philosoph Mendelssohn hat am Ende seines Lebens über so etwas geschrieben.

Wenn wir etwas begreifen wollen, sollten wir auch eine Orientierung haben und unseren gesunden Menschenverstand benutzen. Mendelssohn machte einen Unterschied zwischen Gedanken: Gemeinsinn, Vernunft oder schlichten Menschenverstand. Das soll uns bei den abstrakten Dingen helfen, denn die können wir ja nicht sehen. Aber später gab es Streit darüber. Sogar der gesunde Menschenverstand kann in Schwärmerei ausarten und vom Thron gestoßen werden. Zum Beispiel von der Religion. Oder Beispiel Leute könnten auf verrückte Ideen kommen. Mendelssohn hat darüber mit seinem Kollegen Jacobi gestritten. Wahrscheinlich haben sie sich aber bloß nicht leiden können.

Jacobi hat über Spinozas Ideen geschrieben. Breslau 1785.
Jacobi hat gegen Mendelssohns Vorwürfe geschrieben. Leipzig 1786.
Ein Freiwilliger hat die Ideen von Jacobi und Mendelssohn kritisch geprüft.

Nur die Vernunft kann über Wahrheit, Glauben oder andere Dinge entscheiden. Nicht ein geheimer Sinn für Wahrheit. Auch Tradition oder Offenbarung passen nicht zur Vernunft. Das werde ich zeigen.

Mendelssohn sagte: Nur die reine Vernunft gibt den Menschen Orientierung. Man kann sich nach ihr richten. Aber die Vernunft begreift erst einmal nur. Sie muss das dem normalen Verstand klar machen. Und sie muss ihn vor falschen Ideen schützen.

Sich orientieren bedeutet erstmal zu wissen, wo die Himmelsrichtungen sind. Ich sehe die Sonne und weiß, es ist Mittag. Dann finde ich Süden, Westen, Norden und Osten. Genauso orientiere ich mich selbst. Ich habe zwei gleich aussehende Hände. Aber ich fühle eine linke und eine rechte Hand. Deswegen kann ich auch einen Kreis zeichnen. Ohne dieses Gefühl könnte ich nicht sagen, das ist lang und das ist kurz, der Westen liegt rechts oder links. Ohne Orientierung würde ich den Kreis über Norden und Osten bis Süden nicht richtig machen. Ich finde also meine Richtung am Himmel durch ein persönliches Gefühl. Die Sterne am Himmel sind immer am gleichen Platz. Wenn alle Sterne plötzlich woanders wären, würde niemand es sofort sehen. Auch ein Astronom würde sich verirren, wenn er nur schaut und nicht fühlt.

Ein Mensch kann fühlen, welche Hand rechts und welche links ist. Das hilft ihm, sich zu orientieren. Der Mensch braucht nur den Polarstern suchen. Dann weiß er wo er ist und findet alles andere. Auch ohne Veränderungen. Das gehört zur Geografie.

Ich orientiere mich aber auch in einem Raum. Im Dunkeln finde ich mich in einem bekannten Zimmer zurecht. Ich muss nur einen mir bekannten Gegenstand berühren. Hierbei hilft mir nur mein Gefühl für die Richtungen. Ich sehe die Dinge nicht. Jemand kann mal die Gegenstände im Zimmer zum Spaß vertauschen. Dann kann ich mich nicht orientieren. Ich finde mich zurecht, weil ich das Gefühl für rechts und links habe. Das mache ich auch nachts auf bekannten Straßen, wo ich die Häuser nicht erkennen kann.

Ich kann diesen Gedanken noch weiter erklären. Ich kann mich nicht nur im Raum, sondern auch im Denken orientieren.
Das heißt Logik und ist, ganz genau, eine Aufgabe der Vernunft.

Die Vernunft soll uns leiten. Sie startet bei bekannten Dingen.
Dann will sie über diese Dinge hinausgehen. Aber sie findet kein neues Ding zum Anschauen. Sie findet nur einen Raum dafür.
Dann kann sie nicht mehr nach klaren Gründen entscheiden.
Sie muss nach ihrem eigenen Gefühl entscheiden.

Um klar zu denken, muss man sich auf seine eigene Meinung verlassen.
Das macht man, wenn die festen Regeln des Verstandes nicht ausreichen.

Unser Gefühl ist das einzige, was bleibt. So lange man die Situation nicht falsch einschätzt, ist alles in Ordnung. Nichtwissen ist der Grund für Grenzen. Aber nicht der Grund für Verirrungen.

Manchmal müssen wir über etwas entscheiden. Aber wir haben nicht genug Wissen. Dann brauchen wir zum Entscheiden eine Regel.
Die Vernunft möchte eine Antwort geben. Wenn wir das Objekt nicht sehen können, müssen wir es uns vorstellen. Dann prüfen wir es nach Widersprüchen. Wir versuchen es mit unserem Verstand zu erfassen.
Das nennen wir Lernen oder Verstehen. Wir benutzen unsere Vernunft dafür. Ohne diese Maßnahme könnten wir mit der Idee nichts anfangen.
Wir würden nur träumen oder schwärmen statt zu denken.
Wir können uns viel vorstellen. Aber das heißt noch nicht, dass es das wirklich gibt. Unsere Vernunft denkt manchmal Dinge ohne Beweise.
Wir denken dann über Dinge nach, die wir nicht sehen oder fühlen können.

Es lässt sich manches Übersinnliches denken: Dinge, die über unsere Sinne hinausgehen und die die Vernunft nicht interessiert. Es gibt ja genug in der Welt, was wir mit unseren Augen und Ohren erkennen können. Wir brauchen eigentlich keine Geister oder Gespenster. Denn wir kennen keine Gesetze und eigentlich auch keine Erfahrungen zu solchen Wesen. Aber über alles, was wir sehen und fühlen können, wissen wir viel. Oder wir können noch mehr darüber lernen. Wer an andere geistige Wesen glaubt, schadet seiner Vernunft.

Der Verstand braucht die Vorstellung, dass alles möglich ist. Er sieht Unterschiede zwischen Dingen als Grenzen. Deshalb nimmt er an, dass es eine Grund-Möglichkeit gibt. Alle anderen Möglichkeiten kommen von dieser Grund-Möglichkeit. Unser Verstand braucht die Idee, dass es ein höchstes Wesen gibt. Das macht es möglich, zwischen dem Möglichen und dem Wirklichen zu unterscheiden. So kam René Descartes auf den Beweis, dass Gott existiert. Er dachte, was wir für den Verstand brauchen, muss wahr sein. Das ist bei allen Beweisen so, auch bei denen von Moses Mendelssohn in seinem Buch „Morgenstunden". Diese Beweise zeigen nicht sicher, dass etwas wahr ist. Aber sie sind trotzdem hilfreich.

Es ist wichtig zu sagen, warum diese klugen Gedanken gut sind. Sie helfen uns, unser Denken ganz zu verstehen. Sie sind ein Beispiel dafür, wie man immer denkt. Wir haben manchmal keine festen Beweise, müssen aber trotzdem etwas denken. Das ist auch wichtig. Aber wenn wir sicher sind, dürfen wir nicht so tun als ob. Sonst zeigen wir Schwächen. Das können andere gegen uns nutzen. Mendelssohn hat vielleicht nicht bedacht, dass zu viel Festlegen mit dem Denken gefährlich sein kann. Nur eine Überprüfung kann dieses Problem wirklich lösen. Die strenge Methode in der Schule kann das Problem für eine Weile stoppen. Aber sie kann es nicht ganz wegnehmen. Warum sollten wir aufhören zu denken, wenn es einmal gut geklappt hat? Wo ist die Grenze, wo wir aufhören müssen?

Wir müssen nicht aus reiner Neugier forschen. Wir sollten nicht mit solchen Fantasien spielen. Nur wenn wir über ein erstes großes Wesen nachdenken: ein sehr kluges und wohlwollendes Wesen (Gott). Im Unterschied zu diesem Wesen kann unsere Vernunft nur in Grenzen denken. Dieser Gedanke liegt allen anderen Dingen zugrunde. Unsere Vernunft setzt außerdem voraus, dass dieses Wesen wirklich existiert. Ohne diese Idee können wir die Dinge in der Welt nicht erklären.

Wir können auch ihre Gründe, die Ordnung und den Sinn der Welt nicht erklären. Diese Ordnung finden wir überall. Sie ist nah bei uns im Kleinen und im Großen noch beeindruckender. Das alles muss eine kluge Ursache haben. Damit können wir Dinge erklären.

Unser Verstand hat theoretische und praktische Bedürfnisse.
Das theoretische Bedürfnis habe ich schon erklärt. Wir müssen an Gott, den Schöpfer der Welt glauben. Nur so können wir die ersten Ursachen von allem verstehen. Besonders wenn wir überlegen, ob alles in der Welt einen Sinn hat.

Das praktische Bedürfnis ist noch wichtiger. Wir müssen an Gott glauben, nicht weil wir vielleicht Lust darauf haben, die Dinge zu beurteilen. Sondern weil wir urteilen müssen. Das sagt uns der praktische Verstand. Mit ihm können wir richtig von falsch unterscheiden.

Alle Ideen führen zur besten aller Welten. Das Beste ist nur durch Freiheit möglich. Dann werden wir Gutes tun. Es geht auch um das größte Glück. Dieses Glück soll nach dem guten Tun kommen.
Unsere Vernunft will das beste Gute. Dafür brauchen wir eine höchste Klugheit. Diese Klugheit ist das beste Gute. Sie muss unabhängig sein. Wir brauchen sie aber nicht für die Regeln des guten Tuns.
Die Regeln sind wichtig. Wie alle Regeln. Mit der höchsten Klugheit kann die Idee vom besten Guten wirklich werden. Das ist kein Ideal. Denn ein Ideal muss nicht existieren.

Man kann das höchste Gute nicht sehen. Aber man kann es fühlen.
Es ist ein Bedürfnis der Vernunft. Mendelssohn ging ohne es zu merken schon in die Richtung. Ein einfacher Grundsatz sagt uns, was wir tun dürfen. Dieser Grundsatz folgt aus diesem Gefühl und diesem Bedürfnis. Er sagt uns ganz allein etwas über Gott und wie wir über ihn denken sollen. Manche Leute wollen mehr über Gott lernen.

Aber man kann Gott nicht durch Lernen beweisen.

Die Vernunft fühlt nicht. Sie weiß, was ihr fehlt. Sie macht, dass wir Bedürfnisse fühlen. Das ist wie mit dem Gefühl für richtig und falsch. Dieses Gefühl macht nicht die Regeln für richtig und falsch. Die Regeln kommen von der Vernunft. Das Gefühl für richtig und falsch kommt durch diese Regeln. Der Wille braucht gute Gründe, um zu handeln.

Mendelssohn hätte zugeben müssen, dass das nicht geht. Er war sehr klug. Aber er hat vielleicht nicht lang genug gelebt. Als junger Mensch denkt man oft anders als später. Der Mann hat aber etwas Wichtiges gesagt. Er sagte, dass wir Urteile über Richtig oder Falsch nur in unserem Verstand finden können. Unser Verstand hilft uns zu entscheiden, was wir glauben sollen. Er benutzt dabei das, was wir wissen oder was wir brauchen.

Mendelssohn sagte auch, normale Menschen denken zuerst an sich. Man muss von dem normalen Weg abkommen, um nicht an sich zu denken. Nur dann kann man nach neuem Wissen suchen, auch wenn man es nicht braucht. Das Wort „gesunde Vernunft“ kann man falsch verstehen. Mendelssohn hat es falsch verstanden. Man findet kein Urteil durch Nachdenken. Das kommt nicht einfach so.

Wir sollten es anders nennen. „Vernunftglauben“ passt gut. Jeder Glaube muss vernünftig sein. Vernunft ist immer der Probierstein für die Wahrheit. Ein Vernunftglaube baut nur auf die Angaben der reinen Vernunft.

Im Glauben hält man etwas für wahr. Aber man kann nicht sicher sein. Das ist anders als Wissen. Man kann auch etwas für wahr halten und darüber nachdenken. Dann kann das mit der Zeit zu Wissen werden. Man braucht mehr Gründe dafür.

Glauben muss fest sein. Man muss sicher sein, dass er sich nicht ändert. Ich bin sicher, dass niemand sagen kann: „Es gibt keinen Gott.“ Denn woher soll er das wissen? Glauben durch Vernunft ist anders als Glauben durch Geschichten. Bei Geschichten kann man neue Beweise finden. Dann kann man seine Meinung ändern. Das kann passieren, wenn wir mehr über etwas lernen.

Glauben ohne echte Beweise kann nie echtes Wissen werden. Man kann ja vom Tod einer wichtigen Person hören. Aber wenn die Behörden den Tod, die Beerdigung und das Testament bestätigen, ist es wirklich wahr. Man kann sagen „Ich weiß, dass es eine Stadt namens Rom gibt.“ Dafür muss man nicht da gewesen sein. Man glaubt ja nicht: „Ich glaube, dass Rom existiert.“ Glauben, der nur auf der Vernunft basiert, kann nie zu Wissen werden. Unsere Vernunft will es so.

Wir wollen denken, dass es ein höchstes Wesen gibt. Aber wir können es nicht beweisen. Wir können sagen: Das ist wahr. Aber dann halten wir es nur für wahr. Dieses Bedürfnis der Vernunft bleibt eine Vermutung. Es ist unsere Meinung. Denn wir finden keine bessere Erklärung. Die Vernunft braucht aber eine Erklärung.

Manche Menschen glauben: Meine Vernunft sagt mir das Richtige. Dieser Glaube hilft ihnen gut zu handeln. Er ist nicht so sicher wie Wissen. Aber bei guten Menschen ist dieser Glaube fast so stark wie Wissen. Vernunftglaube ist wie ein Kompass. Er hilft klugen Menschen, auch über unsichtbare Dinge nachzudenken. Er hilft auch normalen guten Menschen, das Richtige zu tun.

Der Vernunftglaube ist wichtig. Er kann mich bei allen Überlegungen führen. Auch bei den Gedanken über Gott. Der Glaube an Gott kann nur aus mir selbst herauskommen. Er kann nicht von anderen Menschen oder Nachrichten kommen. Wenn ich etwas denke und nicht sehen kann, kommt es vielleicht von Gott. Ich kann auf jeden Fall überlegen, ob es zu Gott passen würde.

Auch bei allen Erscheinungen kann ich Gott nicht beweisen.

Denn meine Idee von Gott ist unendlich groß und anders als alles Geschaffene. Keine Erfahrung oder Sicht kann dieser Idee genau entsprechen. Deshalb ist ein Beweis der falsche Weg. Vorher muss die Vernunft stehen. Uns können Dinge erscheinen oder zu uns sprechen. Das können wir untersuchen und prüfen. Aber deshalb dürfen wir es noch lange nicht für göttlich halten.

Ohne Vernunft öffnet man die Tür für Schwärmerei, Aberglaube und sogar Unglaube. In einer Diskussion zwischen Jacobi und Mendelssohn scheint es darum zu gehen. Man will den Verstand stürzen. Man will offenbar Wissen durch Wetten ersetzen oder sogar den Glauben des Verstandes. Und man will vielleicht einen neuen Glauben schaffen, wo jeder macht was er will. Wie beim Begriff von Gott bei Spinoza. Er ist der einzige logische, wird aber trotzdem abgelehnt. Auf jeden Fall kann die Vernunft nicht gleichzeitig sagen: Das gibt es nicht, aber es kommt von hier oder dort.

Es ist schwer zu verstehen, wie Gelehrte in meinem Buch etwas von Spinoza finden konnten. Das Buch sagt, wir können nichts über Dinge wissen, die wir nicht sehen oder fühlen können. Und das Falsche, was sie finden, sagt genau das Gegenteil. Es sagt, es kann alles beweisen, wie ein Mathematiker.

Die Kritik sagt, dass die Tafel der reinen Verstandesbegriffe alles für das reine Denken bereit haben muss. Spinoza und andere reden von Gedanken, die selbst denken können. Das ist wie ein Ding, das auch ohne alles andere existieren kann. Aber so einen Gedanken gibt es im menschlichen Verstand nicht. Die Kritik sagt auch: Es ist nicht genug zu sagen, dass etwas sich selber denken kann. Nur weil keiner widerspricht. Spinoza behauptet, etwas kann nicht nur aus reinen Verstandesbegriffen bestehen. Dabei kann man keinen Widerspruch finden. Aber der Spinozismus kann das nicht beweisen. Deshalb führt der Spinozismus zu übertriebenen Ideen. Nur wenn man die Grenzen des reinen Verstandes kennt, kann man übertriebene Ideen ganz vermeiden. Ein anderer Gelehrter sieht in der Kritik Skepsis. Aber die Kritik will eigentlich nur klar machen was wir sicher wissen können, ohne Erfahrung.

Kritische Untersuchungen sollen Verwirrungen lösen. Die Neuplatoniker haben ihre eigenen Ideen in alte Texte hineingelesen. Sie haben nichts Neues gemacht. Selber denken bedeutet, die Wahrheit in der eigenen Vernunft zu suchen. Das ist Aufklärung. Aufklärung ist nicht nur viel Wissen. Es ist eher ein Grundsatz, wie man sein Wissen nutzt. Manche Menschen mit viel Wissen nutzen es nicht gut.

Seine eigene Vernunft nutzen heißt, sich selbst zu fragen: Soll ich das glauben? Kann ich den Grund dafür oder die Regel daraus immer nutzen?

Jeder kann das selbst ausprobieren. Dann sieht man, dass Aberglaube und Schwärmerei schnell weggehen. Das passiert, auch wenn man nicht alles darüber weiß. Man nutzt einfach die Regel, die eigene Vernunft zu schützen. Es ist leicht, einzelne Menschen durch Erziehung aufzuklären. Man muss nur früh anfangen, junge Menschen zum Nachdenken zu bringen. Aber eine ganze Zeit aufzuklären dauert lange. Es gibt viele äußere Probleme. Diese Probleme können die Art der Erziehung verbieten oder schwer machen.

Ihr schlauen Männer! Ich respektiere eure Fähigkeiten und euer Mitgefühl. Aber habt ihr gut überlegt, wo das endet? Ihr wollt sicher, dass alle frei denken dürfen. Denn ohne diese Freiheit würden eure genialen Schwünge bald am Ende sein. Überlegt mal, was passiert, wenn jeder so denkt und handelt wie ihr.

Erstens: Die Freiheit zu denken hat Grenzen durch Gesetze. Man sagt zwar, dass uns niemand das Denken verbieten kann. Aber wie gut und richtig wäre es, wenn wir unsere Gedanken nicht mit anderen teilen könnten?

Gewalt von außen kann die Menschen daran hindern, ihre Gedanken zu teilen. Sie kann ihnen auch das Denken verbieten: das einzige Kostbare was uns bleibt. Denken ist sehr wertvoll. Es gibt uns immer einen guten Rat.

Zweitens: Wenn Menschen anderen sagen was sie zu glauben haben, ist das auch ein Verbot zu denken. Manche Menschen wollen bestimmen, was andere glauben. Sie verbreiten Angst, damit niemand selbst nachdenkt.

Drittens heißt Freiheit im Denken, nur seinen eigenen vernünftigen Gesetzen zu folgen. Das Gegenteil ist: ohne Gesetze denken. Dann glaubt man mehr zu sehen. Aber ohne eigene Gesetze folgt man schnell Gesetzen von anderen. Dann büßt man seine

Freiheit ein und verscherzt es sich mit ihr.

Manche Menschen handeln nicht mehr nach ihrem Verstand. Dann verlieren sie ihre Freiheit zu denken. Sie glauben, sie sind ohne Vernunft frei. Am Anfang fühlt sich das gut an. Ein Genie denkt, ohne Vernunft zu sein ist toll. Diese Person beeindruckt andere Menschen mit starken Worten und großen Versprechen. Sie denkt, es ist besser als die langsame Vernunft. Aber es benutzt immer noch die gleichen Worte.

Manche Menschen nennen es Schwärmerei. Andere nennen es Erleuchtung. Aber bald verstehen diese Menschen sich nicht mehr. Denn nur die Vernunft kann für alle gelten. Wenn jeder nur seiner eigenen Idee folgt, gibt es Verwirrung. Dann werden aus persönlichen Ideen feste Überzeugungen. Ausgewählte Traditionen werden zu festen Regeln. Am Ende folgen die Menschen nur noch diesen Regeln und nicht mehr der Vernunft. Das nennt man Aberglauben. Aberglauben gibt ja eine gewisse Form und Ruhe.

Menschen wollen frei sein. Nun können sie sich aus ihren Fesseln des Glaubens befreien. Aber sie können aus Versehen ihre Freiheit falsch nutzen. Sie glauben nur, was sie sehen. Sie glauben nur, was man mit starken Gründen beweisen kann. Alles andere lehnen sie ab. Sie denken bald, sie brauchen keine Regeln. Und ihre Vernunft sei die einzige Macht.

Wenn Menschen auf die Vernunft verzichten wollen, ist das Unglauben. Das ist nicht so, weil man etwas nicht weiß. Wenn etwas gut bewiesen ist, muss man es auf jeden Fall glauben. Aber nicht an Vernunft zu glauben ist schlecht für den Menschen. Man muss sich dann an nichts mehr halten. Man muss nicht unbedingt Gutes tun. Mit der Zeit verlieren die Gesetze ihre Macht. Die Menschen erkennen dann keine Pflichten mehr an.

Dann mischt sich meistens die Regierung ein. Sie will kein Chaos. Sie greift meistens schnell durch. Dann verschwindet aber auch die Freiheit zu denken. Sie macht Gesetze, wie wir zu gehorchen oder für wen wir zu arbeiten haben. Wer also ohne Vernunft denkt, zerstört am Ende die Freiheit.

Liebe Menschen, die das Beste für alle wollen! Nehmt das, was nach viel Nachdenken und Prüfen am wahrhaftigsten scheint. Aber lasst die Vernunft nicht weg. Die Vernunft hilft uns die Wahrheit zu finden. Ohne Vernunft verliert ihr eure Freiheit. Und das ist schlecht für alle. Auch für die, die nichts damit zu tun haben und ihre Freiheit gut nutzen wollen. Dann kommt die beste aller Welten heraus!

Königsberg.
I. Kant.

Zum ewigen Frieden.

Ein philosophischer Entwurf von Immanuel Kant. Königsberg, bei Friedrich Nicolovius. 1795.

Erklärungen

Viele Begriffe klingen ähnlich. Kant meint oft etwas Spezielles.
Wir haben sie hier voneinander unterschieden.

Staat, Land:
Eine Gruppe von Menschen mit einer Regierung, eigener Sprache, eigenen Grenzen und eigenen Gesetzen.

Volk:
Die Gesellschaft in einem Staat.

Herrscher, König, Fürst:
Einer, der über alle regiert.

Untertan und Oberhaupt:
Ein Mensch in einem Volk und sein König.

Politik:
Die Art und Weise zu regieren.

Moral:
Die Lehre, gut zu sein und wie man Gutes von Schlechtem und Bösen unterscheidet.

Gesetze:
Gesetze der Vernunft.

Regeln:
Anleitungen zum Zusammenleben.

Recht:
Alle Regeln in einer Gesellschaft zusammen. Recht soll Ordnung schaffen und Streit zwischen den Menschen lösen. Menschen haben auch eigene Rechte.

Zum ewigen Frieden.

Vorwort

Es gibt in Holland ein Gasthaus mit dem Namen „Zum Ewigen Frieden“. Neben der Überschrift ist ein Friedhof gemalt. Das ist lustig gemeint. Oder ist der Titel für alle Menschen gemeint? Oder für Kriegsherren? Oder nur für Philosophen, die von einer besseren Welt träumen?
Das bleibt offen. Der Kriegsherr führt Krieg. Der Philosoph hat Ideen. Ein erfahrener Politiker wie der Kriegsherr behandelt einen Philosophen wie der Lehrer einen Schüler. Der Philosoph wird also nicht gefährlich für ihn und den Staat. Man muss nicht auf ihn hören.
Bei Streit muss der Politiker sich nicht schlecht fühlen. Die Meinung des Philosophen ist nicht gefährlich. Ich bin Philosoph. Ich habe also keine bösen Absichten. Und niemand soll meine Worte falsch verstehen.

Erster Abschnitt

Der erste Abschnitt beschreibt die ersten Regeln für ewigen Frieden zwischen Staaten.

1. Bei einem Friedensvertrag darf man nicht heimlich an den nächsten Krieg denken.

Das wäre nämlich ein Waffenstillstand. Ein Waffenstillstand ist nur eine Pause. Das ist kein echter Frieden. Echter Frieden bedeutet das Ende aller Streitereien. „Frieden" ist eigentlich immer „ewig". Ein Frieden sollte alle Gründe für einen zukünftigen Krieg beseitigen. Auch wenn diese Gründe uralt sind und nur noch irgendwo geschrieben stehen. Manche wollen heimlich später wieder Gründe für Streit finden. Nur im Augenblick sind beide Seiten zu schwach zum Weiterkämpfen. Sie warten nur auf eine Chance zu neuem Streit. Das ist aber nicht ehrlich und keine gute Führung eines Landes. Da sehen auch die Angestellten eines Staates nicht gut aus.

Angeblich wird ein Land durch mehr Ausbreitung und Macht ehrenvoller. Diese Meinung stammt aber noch aus vergangenen Zeiten.

2. Ein Land darf nicht von einem anderen Land vererbt, getauscht, gekauft oder verschenkt werden.

Ein Land ist eine Gruppe von Menschen. Niemand außer diesen Menschen darf über das Land bestimmen. Ein Land in ein anderes einzugliedern ist falsch. Es macht aus Menschen eine Sache. Das ist gegen die Grundregeln eines Landes. Früher haben Könige sich untereinander verheiratet oder verbunden. Das war gefährlich. Man wollte ohne Anstrengung mächtiger werden. Oder mehr Land bekommen. Auch seine Soldaten an ein anderes Land zu verleihen ist falsch. Die Menschen werden dann wie Dinge benutzt.

Ein geerbtes Reich ist auch ein Staat. Sein Recht zu regieren wird nicht von einem anderen Staat übernommen. Es wird an eine andere Person weitergegeben.

3. Soldaten soll es mit der Zeit gar nicht mehr geben.

Bestehende Heere drohen anderen Ländern immer mit Krieg.
Sie sind immer bereit zu kämpfen. Sie zwingen andere Länder zu immer mehr Waffenbesitz. Teure Waffen machen einen Frieden schwer.
Dann fangen Länder Kriege an. Sie nehmen das Land ein und sparen die Kosten für Waffen. Soldaten werden wie Maschinen benutzt.
Das passt nicht zu den Rechten der Menschen. Aber sich freiwillig verteidigen ist gut. Die Bürger schützen sich und ihr Land mit Übungen vor Angriffen.
Andere Länder sehen ein reiches Land oft als Bedrohung.
Diese könnten sie immer angreifen. Geld ist oft die stärkste Macht im Krieg. Aber wie reich ein Land ist kann man nur schwer sagen.

4. Länder sollen bei anderen Ländern keine Schulden machen.

Jedes Land muss Wege bauen und verbessern. Man muss Vorräte haben für schlechte Erntejahre und so weiter. Ein Staat kann auch um Hilfe bitten. Das ist in Ordnung. Aber Schulden können immer mehr werden. Das ist gefährlich.

Ein Land mit hohen Schulden kann man besser angreifen. Viel Geld ist wie ein großer Schatz für Kriege. Es ist größer als die Schätze aller anderen Staaten zusammen. Mächtige Menschen wollen oft Krieg.
Das liegt in ihrer Natur. Das ist schlecht für den ewigen Frieden.
Ein armer Staat kann auch andere Staaten in Gefahr bringen. Auch wenn er gar nichts dafür kann. Das wäre schlecht für diese Staaten.
Deshalb dürfen sie sich mit anderen Staaten zusammenschließen.
Sie schützen sich dann gegenseitig.

5. Kein Staat darf sich mit Gewalt in einen anderen Staat einmischen.

Warum sollte er das dürfen? Solch ein Land gibt ja auch den Menschen in seinem Land ein schlechtes Beispiel. Seine Fehler können eine Warnung sein. Das ist wie ein böser Mensch. Ein böser Mensch gibt ein schlechtes Beispiel ab. Niemand will mit ihm befreundet sein.

Oder ein Land spaltet sich in zwei Teile. Das ist etwas Anderes. Jeder Teil sieht sich als eigenen Staat. Ein anderer Staat hilft einem Teil: Das ist keine Einmischung. Das ist Anarchie. Aber auch bei einem Streit im Land ist Hilfe von außen eine Verletzung. Er muss erst beendet werden. Eine Einmischung würde die Rechte des kämpfenden Volkes verletzen. Es wäre ein schlechtes Beispiel und würde die Sicherheit aller Länder gefährden.

6. Ein Land im Krieg darf keinen späteren Frieden verhindern.

Es darf zum Beispiel heimtückische Mörder anstellen, Gift mischen, Vereinbarungen brechen oder Verrat im anderen Land anstiften.

Das sind fiese Tricks. Sogar im Krieg muss man dem Feind ein wenig vertrauen. Sonst kann man sich später auch nicht vertrauen. Dann ist es kein echter Frieden. Ohne Vertrauen könnte der Krieg alles zerstören.

Krieg ist ein Naturzustand. Dort verteidigt man sein Recht. Es gibt aber keinen Richter und kein Urteil. Man verteidigt sein Recht nur mit Gewalt. Das ist traurig. Der Gewinner hat recht. Wie bei einem Gottesurteil. Im Frieden gibt es aber Gerichte, Urteile, und wahres Recht. Staaten dürfen auch nicht andere Staaten durch Krieg bestrafen wie ein Oberhaupt einen Bürger. So ein Krieg würde alle Menschen töten. Das würde nur auf einem Friedhof Frieden bringen. So ein Krieg ist also vollkommen unerlaubt.

Manche Tricks aus dem Krieg sind sehr übel. Sie gibt es aber nicht nur im Krieg. Sie kommen auch im Frieden vor. Wie zum Beispiel Spione. Das macht jeden Frieden kaputt.

* * *

Manche dieser Regeln sind Verbote. Andere für eine Abschaffung. Andere für eine Vermeidung. Man sollte aber auch einigen Ländern sofort wieder ihre Freiheit zurückgeben. Vor allem, wenn sie einkassiert wurden. Und wenn alle Länder dafür sind.

Kann es neben Befehlen und Verboten auch Erlaubnis-Gesetze geben? Das ist unsicher. Gesetze sagen normalerweise, was man machen muss oder nicht machen darf. Erlaubnis-Gesetze würden sagen, dass man etwas machen darf, aber nicht muss. Das könnte ein Widerspruch sein. Denn wenn ein Gesetz in beiden Fällen gleich ist, macht es keinen Sinn. Erlaubnis-Gesetze sprechen über ein Verbot, das nur für die Zukunft gilt. Zum Beispiel, wenn man etwas erbt. Aber man ist dann frei von diesem Verbot.

Oder: Darf man etwas behalten, das man früher unrecht bekommen hat? Wenn man es im Naturzustand bekam, kann man es vielleicht weiterhin behalten. Aber wenn man es im bürgerlichen Zustand unrecht bekam, muss man es zurückgeben, sobald man weiß, dass es unrecht ist. Ich möchte nur kurz darauf hinweisen, dass es im Naturrecht eine Erlaubnis gibt. Im Gesetz wird oft davon gesprochen. Aber das Gesetz sagt nur, was verboten ist. Die Erlaubnis wird nicht klar im Gesetz gesagt. Sie wird nur als Ausnahme genannt. Dann steht da: Dies oder jenes ist verboten, außer in Fall 1, Fall 2.

Man sollte Erlaubnisse nicht einfach so hinzufügen. Sie sollten Teil des Gesetzes sein. Es ist schade, dass die kluge Aufgabe von Herrn Graf von Windischgrätz nicht gelöst wurde. Sie wollte, dass Erlaubnisse im Gesetz stehen. Nur so kann man sicher sein, dass Gesetze immer passen. Sonst gibt es nur allgemeine Gesetze, aber keine, die für alle gelten. Das sollte aber so sein.

Zweiter Teil

Dieser Teil beschreibt die festen Regeln für ewigen Frieden zwischen Ländern.

Nachbarschaft ist nicht automatisch friedlich. Es ist sogar mehr wie Krieg als wie Frieden. Nebeneinander lebende Menschen bekämpfen sich nicht immer. Aber sie drohen oft damit. Frieden muss man erst schaffen. Denn das Unterlassen von Feindseligkeiten ist noch keine Sicherheit. Frieden gibt es erst durch Gesetze. Sonst kann ein Land das andere wie einen Feind behandeln.

Man denkt oft, man darf nur gegen jemanden vorgehen, wenn er einen zuerst angegriffen hat. Das ist richtig, wenn beide Personen Gesetze befolgen. Denn wenn man Gesetze befolgt, verspricht man anderen Sicherheit.

Ein Mensch ohne Gesetze macht mir Angst. Er könnte mich verletzen, nur weil er da ist. Ich kann ihn zwingen, mit mir unter Gesetzen zu leben. Oder er muss weggehen. Das ist wichtig für die nächsten Punkte: Alle Menschen, die sich beeinflussen können, müssen unter Gesetzen leben.

Es gibt drei Arten von Gesetzen für Menschen:
1) Gesetze für Menschen in einem Land (Staatsbürgerrecht),
2) Gesetze für Länder untereinander (Völkerrecht),
3) Gesetze für alle Menschen und Länder der Welt (Weltbürgerrecht).

Diese Einteilung ist nötig für den ewigen Frieden. Wenn auch nur einer ohne Gesetze lebt, könnte Krieg entstehen. Wir wollen aber Frieden.

Erste feste Regel zum ewigen Frieden.

Jeder Staat soll eine republikanische Regierung haben.

Eine republikanische Verfassung basiert auf Freiheit (für Menschen), gemeinsamen Gesetzen (Menschen als Untertanen) und Gleichheit (Menschen als Staatsbürger). Sie kommt von der Idee eines ursprünglichen Vertrags. Alle Gesetze eines Volkes müssen darauf aufbauen.

Bleibt nur die Frage: Kann die republikanische Verfassung als einzige zu dauerhaftem Frieden führen?

Man kann Freiheit nicht so erklären: „Man darf alles machen, was man will, ohne anderen Unrecht zu tun.“ Denn was bedeutet „dürfen“? Es bedeutet, dass man etwas machen kann, ohne anderen Unrecht zu tun. Also würde die Erklärung nur wiederholen: „Man darf machen, was man will, ohne anderen Unrecht zu tun.“ Das sagt nichts Neues. Freiheit sollte man so erklären: Freiheit ist, dass man nur den Gesetzen folgen muss, denen man zugestimmt hat.

Gleichheit vor dem Gesetz in einem Land bedeutet: Keiner kann einen anderen zu etwas zwingen, ohne selbst auch den Gesetzen zu folgen. Alle müssen den gleichen Gesetzen folgen.

Die wichtigen Rechte, die jeder Mensch von Geburt an hat und die man nicht weggeben kann, werden bestärkt durch den Gedanken: Ein Mensch stellt sich vor, er wäre auch Bürger in einer Welt, die man nicht sehen kann. Dort gelten dieselben Regeln wie hier.

Ich habe Freiheit. Ich muss nur den Regeln zustimmen, die ich mit meinem Verstand verstehe. Ich denke mir, was Gott will. Wenn ich mir ein mächtiges Wesen vorstelle, frage ich mich: Warum sollte ich nur gehorchen und es befehlen dürfen? Ich tue meine Arbeit gut. Das mächtige Wesen tut seine Arbeit gut. Wir sollten gleich sein. Aber mit Gott ist es anders. Bei Gott gibt es keine Pflichten.

Bei den Rechten aller Bürger im Staat geht es um eine Frage. Soll der Staat entscheiden, wer wichtiger ist? Oder soll das Verdienst entscheiden?

Wenn jemand von Geburt an einen hohen Rang hat, ist es nicht sicher, dass er auch gut arbeitet. Es ist, als ob er ohne gute Arbeit Befehle geben darf. Das würden die

Menschen in einem ersten Vertrag nie zustimmen. Denn nur weil jemand von edler Familie ist, ist er nicht gleich ein guter Mensch.

Beim Amtsadel ist das anders. Da geht es um einen hohen Posten durch gute Arbeit. Der hohe Rang gehört nicht der Person, sondern dem Posten. Wenn jemand diesen Posten aufgibt, gibt er auch den Rang auf und wird wieder wie alle anderen Menschen.

Die republikanische Verfassung hat einen reinen Ursprung. Sie kommt aus der klaren Idee von Recht. Sie hat das Ziel, dauerhaften Frieden zu erreichen. Der Grund dafür ist folgender.

Manchmal müssen Bürger für oder gegen einen Krieg stimmen.
Da werden sie vorsichtig sein. Denn sie müssen selbst kämpfen.
Sie müssen für den Krieg bezahlen. Sie müssen die Zerstörung nach dem Krieg reparieren. Sie müssen auch ewig Schulden tragen.
Denn es kommen immer neue Kriege. Das ist ein schlimmes Spiel.

Bei anderen Verfassungen dürfen Bürger nicht mitentscheiden.
Der Staat gehört dem Herrscher. Die Herrscher können einfach einen Krieg beginnen. Sie haben mit dem Krieg nicht viel zu tun. Sie feiern weiter ihre Feste oder Jagden. Der Krieg ist für sie wie ein netter Ausflug. Sie können einen Krieg aus unbedeutenden Gründen beginnen. Den Grund für den Krieg müssen ihre Botschafter erklären.

* * *

Man darf die republikanische Verfassung nicht mit der demokratischen verwechseln. Dazu muss man wissen: Es gibt verschiedene Arten von Staaten. Man kann sie auf zwei Weisen einteilen. Die erste Weise ist die Macht. Hier gibt es drei Möglichkeiten. Entweder hat eine Person die Macht: Das nennt man Autokratie. Oder eine Gruppe von Fürsten, adligen Personen und dem Volk: Das nennt man Aristokratie.
Oder alle Menschen zusammen haben sie: Das nennt man Demokratie.

Bei der zweiten Art kann der Staat seine Macht entweder republikanisch oder despotisch nutzen. Bei der republikanischen Form macht die Regierung nicht auch die Gesetze. Bei der despotischen Form macht der Herrscher selbst die Gesetze und führt sie aus wie seine eigenen Ideen.

Es gibt drei Arten von Staaten. Bei einer echten Demokratie haben alle Macht. Sie können alle zusammen über eine Person entscheiden. Diese Person hat dann nichts zu sagen. Das ist der allgemeine Wille. Und das ist ein Problem. Denn nicht alle können wirklich für jeden einzelnen entscheiden.

Eine Regierung ohne Vertreter ist nicht richtig. Denn der Gesetzgeber sollte seine Regeln nicht selbst ausführen. Die anderen zwei Staatsformen sind auch nicht perfekt. Aber sie könnten eine Regierung mit Vertretern hinbekommen. Zum Beispiel sagt der Fürst Friedrich der Zweite: „Ich bin nur der oberste Diener des Staates." In einer reinen Demokratie will aber nicht jeder dem Staat dienen. Viele wollen selbst Fürst sein.

Manche nennen einen Herrscher oft mit sehr großen Namen. Zum Beispiel „der von Gott Gesalbte" oder „der Vertreter von Gottes Willen auf Erden". Manche sagen, das sind nur Schmeicheleien. Aber die Aufgabe von Herrschern ist das Recht der Menschen durchzusetzen. Das ist das Heiligste was es gibt auf der Welt. Es kann eigentlich nur Gott bewältigen. Das schafft er kaum. Also ist der Herrscher eigentlich klein.

Man kann sagen: Je weniger Herrscher und je mehr Vertreter umso besser der Staat. So ein Staat kann sich langsam verbessern und zu einer guten Republik werden.

In einer Aristokratie ist eine vollkommen gerechte Regierung zu bekommen schwer. Für eine Demokratie geht das nur mit einer

Revolution. Für das Volk ist die Art der Regierung sehr wichtig. Mehr als die Form des Staates. Aber die Art der Regierung muss gerecht sein. Dafür braucht man ein System, in dem das Volk vertreten ist. Nur so kann eine Regierung republikanisch sein. Ohne dieses System ist jede Regierung gewaltsam und hart. Die alten Republiken kannten dieses System nicht. Sie wurden deshalb zu harten Regierungen. Eine harte Regierung ist unter einem Herrscher noch am besten auszuhalten.

Ein Mann namens Mallet du Pan sagt: Nach vielen Jahren bleibt er bei dem Spruch: „Über die beste Regierung können die Idioten streiten. Die beste geführte ist die beste". Anscheinend meint er damit, dass eine gut geführte Regierung einfach gut geführt sein muss. Dann hat er eine Nuss aufgemacht und drinnen eine Made gefunden. Denn er liegt falsch. Gut geführte Regierungen heißt nicht, dass die Regierung gut ist. Zum Beispiel haben Titus und Markus Aurelius gut regiert. Aber Titus hat einen schlechten Nachfolger namens Domitian hinterlassen. Markus Aurelius hat einen schlechten Nachfolger namens Commodus hinterlassen. Bei einer guten Staatsform wäre das nicht passiert. Man wusste über ihre Untauglichkeit vorher Bescheid. Und der Herrscher hätte genug Macht gehabt, sie nicht zu seinem Nachfolger zu machen.

Zweite feste Regel für ewigen Frieden

Das Recht zwischen Völkern soll auf einem Bund freier Staaten basieren.

Völker sind eigentlich wie einzelne Menschen. Sie fangen schnell an, sich gegenseitig zu schaden. Staaten können aber auch eine Gemeinschaft bilden wie Menschen in einem Staat. Das wäre ein Völkerbund. Aber kein Völkerstaat. Aber es könnte gerecht zugehen.

So eine Gruppe von Ländern soll kein gemeinsames Land sein. Dann gäbe es ja schon wieder Obere und Untere, Gesetz gebende und Gehorchende, Kleine und Große. Aber wir denken hier über die Rechte getrennter Staaten nach. Sie sollen also nicht zu einem Land werden.

Naturvölker leben frei. Sie haben keine Gesetze. Deshalb kämpfen sie andauernd gegeneinander. Sie wollen keine vernünftige Freiheit. Wir denken, sie leben wie Tiere leben und nicht wie Menschen. Eigentlich wollen zivilisierte Völker schnell aus diesem schlechten Zustand herauskommen. Aber es ist anders. Jeder Staat will frei von Gesetzen von außen sein. Dann ist ein Staat besonders bedeutend. Die Menschen dieses Staates wollen dann für ihn kämpfen. Sie kämpfen aber nicht für ihren Herrscher. Sie kämpfen für ihre Freiheit.

Ein griechischer Herrscher wollte einmal mit einem bulgarischen Herrscher kämpfen: Der sagte: „Ein Schmied benutzt für heißes Eisen Zangen, nicht die Hände."

Der Unterschied zwischen europäischen Wilden und amerikanischen Wilden ist groß. Die amerikanischen Wilden haben ihre Feinde manchmal aufgegessen. Die europäischen Wilden nutzen ihre Besiegten besser. Sie machen sie zu Untertanen und haben so mehr Menschen für noch größere Kriege.

Menschen können sehr böse sein. Das sieht man oft bei freien Ländern.

Die gehen mit anderen Ländern um wie sie wollen. Im eigenen Land versteckt die Regierung diese Bösartigkeit oft. Im Krieg reden viele immer noch von ihrem „Recht“ dazu. Das ist erstaunlich. Zu erklären warum man den Krieg führt ist mutig. Einige Länder sagen immer noch: Philosophen wie Hugo Grotius, Pufendorf und Vattel geben mir recht. Diese Männer haben Kriege versucht zu erklären. Aber ihre Gedanken haben noch nie jemand von Kriegen abgehalten.

Jeder Staat spricht über das Recht. Das Recht soll das Böse in uns Menschen zurückhalten. Und genauso bei Ländern. Staaten im Krieg meinen, sie sind im Recht. Sie würden sich sonst nur lächerlich machen und kämpfen wie früher. So wie ein gallischer Fürst. Der sagte: „Mal sehen, wer der Stärkere ist. Dann müssen die Schwächeren gehorchen. So will es die Natur.“

Länder können ihr Recht nicht vor einem Gericht klären. Das gibt es ja nicht für sie. Sie können nur Krieg führen. Aber Krieg gibt keinem Recht.

Ein Friedensvertrag beendet einen Krieg. Aber es kann trotzdem immer wieder Krieg geben. Länder sind ihre eigenen Richter.
Das macht es schwer zu sagen, Krieg ist immer ungerecht. Staaten haben schon Regeln für sich selbst. Sie müssen nicht gegenüber anderen Ländern ihre Regeln ändern. Sie können gegen andere machen was sie wollen. Aber der Mensch ist nicht mehr wild. Staaten also auch nicht.

Staaten können nicht ihr Recht mit Krieg durchsetzen.
Denn die Vernunft sagt: Krieg ist schlecht. Frieden ist eine Pflicht.
Aber ein normaler Friedensvertrag beendet nur einen einzigen Krieg.
Ein Bund mit allen Ländern will alle Kriege beenden. Man kann ihn Friedensbund nennen.

Ein Bund will keine Macht für einen Staat. Er will nur Freiheit für diesen und alle verbundenen Staaten. Diese Staaten müssen sich dann nicht mehr strengen Regeln unterwerfen.

Diese Idee von einem Bund kann man darstellen. Am Anfang gründet ein mächtiges und aufgeklärtes Volk eine Republik. Das ist gut. Denn eine Republik will Frieden. Sie kann der Mittelpunkt für andere Staaten sein. Diese Staaten können sich dann anschließen. So können sie alle ihre Freiheit schützen. Sie folgen dabei dem Recht zwischen Völkern. Mit der Zeit können sich immer mehr Staaten anschließen.

Es ist verständlich, wenn ein Volk sagt: „Bei uns soll es keinen Krieg geben. Wir werden ein Staat sein. Wir machen unsere eigenen Gesetze und Regeln. Wir lösen unsere Streitigkeiten friedlich."

Ein Land kann aber auch sagen: „Ich will keinen Krieg mit anderen Ländern, auch wenn über uns keine Macht unser Recht schützt."
Aber das ist schwer zu verstehen. Woher soll das Vertrauen kommen?
Oder es gibt eine Art Vereinigung ohne eine zentrale Macht.
Die Vernunft sagt: Wir brauchen so einen Völkerbund, eine Verbindung zwischen allen Völkern. Dann macht das Völkerrecht Sinn.

Das Völkerrecht hat kein Recht zum Krieg. Das wäre undenkbar.
Dann würden ja nicht alle nach den gleichen Regeln handeln.
Es würde jeder wieder Gewalt ausüben – und der Sieger hat Recht.
Oder solche Menschen zerstören sich gegenseitig. Dann halten sie sich doch nicht an das Völkerrecht. Sie verhalten sich dann doch wie Wilde und töten sich gegenseitig. Dann ist „ewiger Frieden" wirklich ein großes Grab auf einem großen Friedhof. Es verbirgt alle schlimmen Taten und ihre Macher.

Staaten sollten wie einzelne Menschen sein. Sie sollen eine Freiheit ohne Gesetze aufgeben. Staaten sollen Gesetze für alle machen.
Sie können eine große Gemeinschaft aller Länder bilden.
Aber sie wollen das nicht wirklich. Sie sollten einen Bund machen.

Eine Verbindung untereinander kann Krieg verhindern.
Dieser Bund sollte wachsen und den Wunsch nach Krieg beenden.

Aber es gibt immer noch Feinde und die Möglichkeit eines Krieges.
Ein normaler Friedensvertrag beendet nur einen einzelnen Krieg.
Man kann sich die ganze Welt als einen einzigen Staat nur schwer vorstellen. Es müsste eine Weltrepublik sein. Aber der Bund zwischen allen Ländern will alle Kriege verhindern. Man kann ihn Friedensbund nennen.

Nach einem Krieg könnte ein Volk Gott um Vergebung bitten. Sie bitten dann aber für ihre Verbrechen. Sie wollen nicht nach Regeln mit anderen Ländern leben.
Sie kämpfen lieber Kriege. Das ist nicht richtig. Auch das Feiern von Siegen im Krieg ist falsch. Es passt nicht dazu, wie wir über den Gott der Menschen denken.
Es ist uns dann egal, wie Länder ihre Probleme lösen. Dann finden wir es auch gut, wenn viele Menschen oder ihr Glück zerstört werden.

Der dritte Artikel für einen festen Frieden

Das Recht der Weltbürger soll nur aus Gastfreundschaft bestehen.

Gastfreundschaft bedeutet nicht einfach nett zu sein. Es ist ein Recht. So darf ein Fremder in einem anderen Land nicht feindlich behandelt werden. Jeder darf einen anderen abweisen, wenn er dann nicht gerade stirbt. Aber friedliche Menschen soll man nicht feindlich behandeln. Es geht nicht um ein Gastrecht mit Vertrag. Es geht um ein Besuchsrecht für alle Menschen. Sie dürfen sich bei anderen Gesellschaften anbieten. Warum? Weil sich alle Menschen zusammen die Erde teilen. Die Erde ist rund und wir können uns nicht unendlich verteilen. Irgendwann müssen wir nebeneinander leben. Eigentlich hat niemand mehr Recht auf einen Ort als ein anderer.

Manche Orte kann man nicht bewohnen, wie das Meer und Wüsten. Sie trennen die Menschen. Aber Schiffe oder Kamele helfen uns, diese Orte zu überqueren. So können wir uns trotzdem treffen. Es ist falsch, wenn Küstenbewohner Schiffe überfallen oder Schiffbrüchige zu Sklaven machen. Es ist auch falsch, wenn Wüstenbewohner andere ausrauben. Das widerspricht dem Naturrecht. Das Recht auf Gastfreundschaft bedeutet für Fremde und Flüchtlinge, Kontakt mit den Einwohnern aufzunehmen. So können weit entfernte Orte friedlich zusammenkommen. Mit der Zeit können sie Gesetze machen. Das bringt die Menschen einer Weltgemeinschaft näher.

Zivilisierte Staaten verhalten sich aber oft nicht gastfreundlich. Beim Handel miteinander sieht man viel Ungerechtigkeit. Diese Staaten sehen das Besuchen fremder Länder wie Erobern. Das ist sehr schlimm. Amerika, Afrika, die Gewürzinseln und andere Inseln waren für sie Länder ohne Besitzer. Die Einwohner zählten für sie nicht. In Hindustan kamen sie als Händler und brachten in Wirklichkeit Soldaten. Sie unterdrückten die Eingeborenen und brachten Krieg,

Hunger, Aufruhr, Verrat und Schlimmeres.

China und Japan haben früher Europäer ins Land gelassen. Aber sie haben dort viel kaputt gemacht. Dann ließ China Europäer nicht mehr richtig hinein. Japan lässt nur Holländer ins Land. Aber die Holländer dürfen nicht viel mit den Leuten dort unternehmen. Sie sind fast wie Gefangene. Diese Länder sind mit den Europäern nicht glücklich. Das ist schlimm. Ihre Handelsfirmen haben bald große Probleme. Auf den Zuckerplantagen werden Menschen grausam als Sklaven gehalten. Diese Ungerechtigkeit bringt irgendwann kein Geld mehr, sondern eine Revolution. Dann werden Matrosen für Kriegsschiffe ausgebildet. Diese Matrosen kämpfen aber dann in Kriegen in Europa. Das finden manche religiöse Leute gut. Sie trinken Unrecht wie Wasser. Sie halten sich für etwas Besseres.

Die Menschen auf der ganzen Welt bemerken jedes Unrecht genau. Auch wenn es an einem fernen Ort geschieht. Deshalb ist die Idee von einem Recht für alle Menschen in der Welt keine Spinnerei mehr.

Es gibt so etwas wie ein ungeschriebenes Gesetz für alle Menschen. Das sind die Menschenrechte. Sie gelten für jeden Menschen, für alle Länder und für die ganze Welt. Sie dienen einem ewigen Frieden. Nur mit Frieden dürfen wir auf dieses Recht hoffen.

Erster Zusatz

Von der Garantie des ewigen Friedens.

Die Sicherung des ewigen Friedens zeigt uns etwas Wichtiges: Die große Künstlerin Natur verfolgt einen Zweck. Sie will aus dem Streit der Menschen Frieden machen. Sogar wenn die Menschen es gar nicht wollen. Es sieht aus wie Zufall. Aber es ist in Wirklichkeit eine tiefe Weisheit. Die Natur ist eine höhere Kraft. Diese Kraft hat einen Plan für die Menschen. Wir können diese Weisheit nicht direkt sehen. Wir können sie uns nur vorstellen. Wir denken sie uns dazu. Das heißt Vorsehung. Dann verstehen wir uns besser. Wir vergleichen die Natur mit menschlichen Handlungen. Die Vernunft will für immer Frieden haben. Die Idee klingt sehr theoretisch. Aber eigentlich liegt sie in unserer Natur. Sie ist eine Pflicht und sehr sinnvoll.

In der Natur gibt es Dinge, die schon immer da waren. Wir verstehen es so, als ob ein Schöpfer es so geplant hat. Wir nennen das Gottes Plan oder Vorsehung. Den Anfang der Welt nennen wir gründende Vorsehung.

Eine Kraft in der Natur will, dass alles gut läuft. Diese Kraft nennt man Vorsehung. Manchmal scheint es, als ob diese Kraft besondere Ziele hat. Diese Ziele kann der Mensch nicht vorhersehen. Er kann nur raten, was die Ziele sind, wenn er sieht, was passiert. Manchmal denken Menschen, einzelne Ereignisse sind von Gott geplant. Aber man kann das nicht absolut sicher wissen. Man kann auch nicht aus einem Ereignis einen besonderen Grund ableiten. Das ist überheblich. Auch wenn man darüber sehr bescheiden spricht.

Es ist auch nicht richtig zu sagen: Die Vorsehung behandelt manche Dinge in der Welt besonders und andere nicht. Die Vorsehung kümmert sich um alles. Sie vergisst nicht oder überlässt etwas dem Zufall.

Manchmal denken die Menschen: Es gibt zwei Arten wie die Natur ihre Pläne macht. Die erste Art ist normal. Zum Beispiel, wenn Pflanzen im Jahr sterben und wieder wachsen. Das passiert mit den Jahreszeiten. Die zweite Art ist nicht normal. Wie wenn Holz an Orte am Meer kommt, wo es nicht wachsen kann. Die Meeresströmungen bringen es dorthin. Die Menschen dort brauchen das Holz zum Leben. Wir können das oft erklären. Zum Beispiel fallen Bäume in Flüsse und der Golfstrom trägt sie weg.

Aber wir sollten auch daran denken: Als ob eine höhere Weisheit alles plant.
Aber in der Schule sagen manche, Gott hilft mit in der Welt. Das ist nicht richtig.
Gott kann aber nicht alles planen und dann noch extra helfen. Zum Beispiel heilen Gott und der Arzt zusammen einen Kranken. Dann wäre Gottes Plan doch nicht perfekt gewesen. Das kann nicht sein. Eine Sache allein kann nicht helfen.
Gott hat den Arzt und seine Heilmittel gemacht. Wenn wir ganz hoch hinaufdenken, kommt die Wirkung von Gott. Man kann aber auch sagen, dass alles der Arzt macht. Das sagen wir, wenn wir die Naturgesetze verstehen. Diese Art zu denken macht es schwer, die Wirkung von etwas zu beurteilen. Aber wenn wir an das Unsichtbare glauben, kann man glauben, Gott hilft. Wir sollen immer versuchen, Gutes zu tun.
Wir dürfen aber nicht denken, dass wir Gottes Hilfe in der Welt erklären können.
Das wäre falsch.

Das Wort „Natur“ ist besser und bescheidener als „Zufall“.
Es passt besser zu dem Verstand und was wir mit ihm erkennen können. Wir können die Vorgänge in der Natur eh nicht komplett verstehen.

Erst einmal müssen wir klären, wie die Natur für Frieden sorgt.
Dann müssen wir schauen, wie sie die Welt für die Menschen gemacht hat. Dann können wir erklären, wie sie für Frieden sorgt.

1. Menschen können überall auf der Welt leben. Dafür hat die Natur gesorgt. 2. Wegen der Kriege mussten Menschen oft woanders hin flüchten. Dort müssen sie auch Regeln zum Zusammenleben machen.

So funktioniert die Natur: In den kalten Wüsten am Meer wächst Moos.
Das Rentier frisst das Moos. Es gräbt es unter dem Schnee aus.
Das Rentier ist auch für Menschen wichtig. In den salzigen Sandwüsten leben Kamele. Das ist auch erstaunlich. Kamele scheinen für diese Wüsten gemacht zu sein. Rentiere und Kamele scheinen für uns gemacht worden zu sein. Ohne sie könnten wir dort nicht leben.

Am Meer leben Robben, Walrosse und Wale. Diese Tiere geben den Menschen dort Essen. Sie geben ihnen auch Öl für Feuer. Am meisten staunt man über Treibholz. Das Holz kommt zu Orten ohne Pflanzen.

Niemand weiß genau, woher es kommt. Die Menschen dort brauchen genau das Holz. Sie bauen damit Boote, Waffen und Hütten. Sie können sie sich gegen wilde Tiere schützen und friedlich miteinander leben.

Warum die Menschen dort hingezogen sind? Wahrscheinlich war es Krieg. Als erstes haben die Menschen das Pferd für den Krieg gezähmt. Die Elefanten kamen erst mit den Ländern dazu.
Später konnten Menschen Getreide anbauen und Obst haltbar machen.
Solche Dinge konnten sie nur innerhalb von sicheren Ländern.
Vorher lebten die Menschen wild. Sie jagten, fischten und hüteten Tiere.
Dann fingen sie mit dem Ackerbau an. Sie entdeckten Salz und Eisen.
Diese Dinge wurden wichtig für den Handel zwischen Völkern.
Dadurch konnten die Menschen zum ersten Mal friedlich miteinander umgehen. Sie konnten Gemeinschaften mit anderen bilden und in Frieden leben.

Das Leben als Jäger passt nicht gut zu einem Leben in der Gesellschaft. Jägerfamilien leben oft allein. Sie kennen sich nicht und leben weit weg voneinander. Sie können schnell Feinde werden. Denn jede Familie braucht viel Platz für Essen und Kleidung. Es gibt ein altes Gesetz von Noah, das sagt, man darf kein Blut essen. Wahrscheinlich weil man am Anfang kein rohes Fleisch essen sollte.

Die Natur hat es so gemacht, dass Menschen überall auf der Welt leben können. Sie verlangt es sogar. Auch wenn die Menschen da nicht leben wollen. Manchmal wollen sie auch da leben. Kein Gesetz zwingt die Menschen dazu. Aber die Natur setzt dafür Kriege ein. Dann müssen Menschen flüchten und sich woanders ansiedeln.

Manche Völker gehören wegen der gleichen Sprache zusammen.
Das merkt man sofort. Zum Beispiel die Samojeden am Eismeer.
Ein ähnliches Volk lebt 200 Meilen entfernt im Altaischen Gebirge.
Dazwischen hat sich ein anderes Volk eingeschoben: die Mongolen.
Sie sind Reiter und Kämpfer. Sie haben einen Teil der Samojeden weit weg in kalte Gegenden getrieben. Dort wollten die Samojeden

sicher nicht von selbst hin.

So ist es auch mit den Finnen im Norden von Europa. Sie heißen dort Lappen. Sie sind verwandt mit den Ungarn; die leben aber weit entfernt. Dazwischen kamen andere Völker. Wie die Goten und Sarmaten.

Und was hat die Eskimos nach Norden ins Eismeer und die Pescheräs im Süden von Amerika bis nach Feuerland getrieben? Wahrscheinlich Kriege. Durch Kriege verteilen sich die Menschen überall auf der Erde.

Wenn die Natur will, dass Menschen an den Eisküsten leben: Was passiert, wenn kein Treibholz mehr ankommt? Die Leute an den Flüssen werden ihnen Holz durch Handel geben. Sie tauschen es gegen Sachen aus dem Meer. Das passiert, wenn die Natur Frieden zwischen ihnen macht.

Krieg braucht keinen besonderen Grund. Er scheint Teil der menschlichen Natur zu sein. Manche sehen Krieg sogar als etwas Gutes an. Sie kämpfen nur für Ehre. Nicht mal für sich selbst. Auch Mut im Krieg wird sehr geschätzt. Das war bei amerikanischen Ureinwohnern so. Und bei den Rittern im Mittelalter. Manchmal beginnen Menschen nur einen Krieg zum Mut beweisen. Sie denken: Krieg ist selbst etwas Gutes. Einige Denker sagen sogar: Krieg macht Menschen edler.
Aber ein Grieche hat mal gesagt: „Krieg ist schlimm. Er bringt mehr böse Menschen hervor als er wegnimmt." Das tut die Natur nur für sich selbst. Sie sieht Menschen wie ein bestimmtes Tier.

Jetzt ist die Frage: Was ist mit dem ewigen Frieden? Unternimmt die Natur auch etwas für die Vernunft der Menschen? Wie leben sie nach den Gesetzen ihrer Vernunft? Sie sollen doch in Frieden leben.
Wie macht sie das für alle Arten von Recht: im eigenen Land, zwischen anderen Ländern und in der ganzen Welt?

Die Natur zwingt uns zu nichts. Sie bewirkt viele Dinge von selbst.

Egal ob wir es wollen oder nicht. Es passiert einfach.

1.

Auch ein friedliches Land ohne inneren Streit kann von außen zu einem Krieg gezwungen werden. Alle Länder haben Nachbarländer.
Viele davon machen Druck. Dann muss sich ein Land zu einem Staat formen. So kann es stark sein und sich schützen.

Eine republikanische Verfassung ist die beste für das Recht der einzelnen Menschen. Das macht einen Staat stark gegenüber den Nachbarn. Aber sie ist schwer zu machen und zu erhalten.
Manche sagen, dafür bräuchte man Engel statt Menschen.
Denn Menschen denken oft nur an sich und können so eine tolle Verfassung nicht schaffen. Doch die Natur hilft uns. Sogar unsere egoistischen Wünsche können uns helfen. Es kommt nur auf eine gute Organisation des Staats an. Die Menschen können ihren Staat so organisieren. Am besten sollen die bösen Seiten sich gegenseitig aufhalten. Dann sind sie für die Vernunft gar nicht da. Dann muss ein Mensch nicht mal ein guter Bürger sein. Selbst ein Volk von Teufeln könnte dann friedlich zusammenleben. Hauptsache, sie haben Verstand.

Die Frage ist: Wie kann man ein Land so organisieren?
Wie können auch vollkommen egoistische Menschen miteinander leben?
Die Antwort lautet: Sie sollen miteinander umgehen wie gute Menschen mit guten Menschen. Dann lösen sich ihre egoistischen
Wünsche auf. Sogar wenn sie für sich selber heimlich eine Ausnahme machen wollen. Das muss möglich sein. Man muss nicht jeden Menschen einzeln besser machen. Man muss die Vernunft der Menschen nutzen. Unter vernünftigen Gesetzen können sie nicht ihre bösen Absichten durchsetzen. Dann müssen sie sich an allgemeine Regeln halten. So können sie Frieden schaffen.

An vielen Staaten kann man die Wirkung des Rechts schon erkennen.

Aber bestimmt nicht, weil alle Bürger gute Menschen sind. Erst gute Gesetze machen die Menschen wirklich gut. Die Natur nutzt unsere Selbstsucht. Das macht das Recht notwendig. Der Staat fördert so den Frieden nach innen und außen. Die Natur sorgt für Vernunft, und die Vernunft sorgt am Ende für Freiheit, Recht und Frieden. Sogar wenn wir gar nichts tun. Aber es ist dann schwerer. Wenn man etwas zu sehr biegt, bricht es. Wer zu viel will, erreicht nichts.

2.

Beim Völkerrecht gibt es viele benachbarte Staaten. Das ist eigentlich ein Kriegszustand. Nur ein Staatenbund verhindert das. Das ist immer noch am besten. Denn manche Staatsführer wollen auch über andere Länder herrschen und auf diese Weise Frieden schaffen. Aber das funktioniert nicht. So ein Herrscher wird immer schwächer werden. Die Seele eines Landes und alles Gute darin werden langsam verschwinden.

Aber die Natur will es anders. Sie benutzt Sprachen und Religionen. Das macht Länder verschieden. Das klingt erst einmal nach Hass und Krieg. Aber in einzelnen Ländern kann die Kultur wachsen und die Menschen sich verstehen und Frieden wünschen. Dann machen sie gemeinsam gute Gesetze. Dieser Frieden beruht nicht auf erschöpften oder toten Menschen wie auf einem Friedhof. Alle können gleich stark miteinander wetteifern und gut zusammenleben.

Ist es nicht seltsam, von verschiedenen Religionen zu sprechen? Es ist so, als ob man von verschiedenen Arten von Moral spricht. Es gibt viele Arten von Glauben. Sie haben mit Geschichte zu tun. Sie helfen, den Glauben zu verbreiten. Es gibt auch viele heilige Bücher. Aber es gibt nur eine wahre Religion für alle Menschen und immer.

3.

Manchmal wollen sich Staaten mit Tricks oder Gewalt trotzdem vereinen. Die Natur verhindert das durch die Idee des Handels. Der Handel nutzt jedem einzelnen Volk und bringt die Völker

gleichzeitig zusammen. Es kann zwischen Völkern und Ländern nur Handel oder Krieg geben. Es nützt jedem Land und macht es reicher. Mit der Zeit wird jedes Volk vom Handel beeinflusst. Geld ist oft die stärkste Kraft in einem Staat. Staaten wollen deshalb lieber Handel treiben als Krieg. Sie fördern so den Frieden. In einer ständigen Verbindung zueinander wird Krieg immer unwahrscheinlicher.
Die Natur steuert den Mechanismus der menschlichen Bedürfnisse. Die müssen nur erkennen, dass es so vernünftiger ist als sich zu bekriegen. Eigentlich wollen sie es auch. So sorgt der Lauf der Dinge für Frieden. Hoffentlich bleibt der Frieden immer. Das ist nicht sicher. Aber wir müssen für den Frieden arbeiten. Das ist unser Ziel und unsere große Aufgabe.

Zweiter Zusatz

Geheimer Artikel zum ewigen Frieden

Eigentlich kann ein öffentlicher Artikel ja nicht geheim sein. Das ist ein Widerspruch. Aber ich als sein Autor schäme mich vielleicht ein wenig und verstecke den Artikel ein wenig.

Es gibt aber eigentlich nur einen geheimen Satz:

„Die zu einem Krieg bereiten Staaten sollen sich die obersten Lebensregeln der Philosophen über den ewigen Frieden zu Herzen nehmen.“

Im Prinzip sind die Herrscher eines Staates ja die Klügsten.
Aber sie lassen sich selten von ihren Philosophen beraten.
Das wäre noch schlauer. Also muss ich sie heimlich darum bitten.
Der Staat wird die Philosophen frei und offen über die wichtigsten Grundsätze des Friedens reden lassen. Dann müssen sich die einzelnen Länder gar nicht großartig darüber verständigen. Das regelt ihre Vernunft.

Deshalb haben ja die Philosophen nicht auf einmal das Sagen und die rechtlichen Vertreter des Staates nicht mehr. Sie sollen sie nur anhören. Die Vertreter des Staates werden das Recht anwenden, im Notfall mit Gewalt. Denn sie wollen die Gesetze anwenden, die es gibt.
Der Philosoph will die Gesetze verbessern. Das scheint weniger wert zu sein. Für Philosophen ist es aber mehr wert.

Die Philosophen stehen in ihrem Ansehen auf einer ziemlich niedrigen Stufe. Manche sagen sogar: Die Philosophie ist die „Magd der Religion“. Oder die Philosophie trägt Frauen entweder „die Fackel vorneweg oder ihnen die Schleppe ihres Kleides hinterher“.

Zwei Dinge sind auch nicht gut: Wenn Könige philosophieren. Oder wenn Philosophen Könige werden. Das ist nicht zu erwarten und auch nicht zu wünschen. Leute mit viel Macht und Gewalt sind nicht mehr objektiv. Sie sollten aber auf jeden Fall Philosophen öffentlich sprechen lassen. Denn sie sind meistens einsam und können sich nicht in Clubs und anderen Vereinigungen zusammenrotten. Deshalb werden sie keine neuen Ideen verbreiten und werden den Königen nicht gefährlich.

Anhang.

I. Über moralische und politische Absichten beim ewigen Frieden – und wo sie nicht zusammenpassen.

Wie passen beim ewigen Frieden Moral und Politik zusammen?

Moral macht Gesetze wie wir handeln *sollen*. Man kann dann sagen, das mache ich nicht. Aber dann gibt es keine Moral mehr.

Politik macht Gesetze wie wir handeln *müssen*. Moral ist Theorie. Politik ist Praxis. Es kann keinen Streit zwischen Politik und Moral geben. Sonst wird bald alles zum eigenen Vorteil ausgelegt. Dann gibt es so gut wie keine Moral mehr.

Die Politik sagt: „Sei schlau wie die Schlangen." Die Moral sagt: „Aber sei ehrlich wie die Tauben." Ohne beides zusammen gibt es zwischen Politik und Moral Streit. Beides zusammen macht aber auch kaum Sinn. Man kann ja sagen: „Ehrlichkeit ist die beste Politik." Aber das ist eine Theorie. Und leider zeigt die Praxis oft etwas anderes. Manche Leute sagen oft: „Ehrlichkeit ist wichtiger als Politik." Das ist auch theoretisch. Aber Ehrlichkeit ist sogar notwendig für Politik. Der Gott der Moral ist stärker als der Gott der Macht. Denn der Gott der Macht kann nicht alles sehen. Er kann nicht die Ursachen von Glück oder Unglück sehen. Unsere Vernunft kann auch nicht voraussehen. Aber sie erklärt uns die Moral. Sie sagt uns, wie wir richtig handeln können.

Viele Menschen sehen die Welt wie sie ist. Für diese ist Moral nur Theorie. Zur Durchsetzung von Moral gibt es den guten Willen und Hoffnung. Sonst werden Menschen nie was für ewigen Frieden tun.

Alle Menschen wollen frei sein und nach Regeln dafür leben.

Aber alle zusammen müssen diesen Zustand wollen. Das ist schwer. Denn jeder will etwas Anderes. Und die Gesellschaft will das Gleiche für alle. Eine Gesellschaft muss alle verbinden. Keiner allein kann das.

In der Wirklichkeit beginnt ein Staat oft mit Gewalt. Dann entstehen Gesetze. Der Gesetzgeber macht nicht immer, was alle wollen.
Der Mächtige macht oft was er will und hört nicht dem Volk zu.
Er kann machen was er will. Er kann sich sogar als ein Teil der Welt stärker fühlen als ein anderer. Dann will er seine Macht vergrößern.
Aber ein anderes Land muss nicht seinen Gesetzen folgen. Es muss sich nicht von anderen seine Rechte erzählen lassen. Aber er wird vielleicht den anderen Teil ausrauben oder sogar beherrschen. Dann gibt es keine Träume von freien Ländern, Völkern und Weltbürgern mehr.

In der Natur passiert alles von selbst. Das ist keine Freiheit.
Für Freiheit brauchen wir Politik. Sonst ist die Idee von Freiheit und Recht leer. Recht ist wichtig. Und Politik soll es durchsetzen.
Deshalb müssen beide zusammenkommen. Das wäre dann ein moralischer Politiker. Der macht gute Politik mit guter Moral.
Ein politischer Moralist würde nur etwas Passendes für seinen Herrscher zusammenbasteln.

Ein moralischer Politiker tut Gutes. Wer Moral nur für seinen Vorteil nutzt ist nicht gut. Ein guter Politiker will immer Fehler im Staat verbessern. Sogar wenn er dafür eigene Vorteile opfern muss.
Man darf nicht einfach alles sofort ändern wollen. Aber ein mächtiger Mensch sollte immer versuchen die Dinge besser zu machen.
Er sollte sich immer möglichst alles nach den besten Regeln machen.

Ein Land kann sogar mit einem alleinigen Herrscher eine Republik sein.
Nämlich wenn ein Volk sich immer mehr eigene Gesetze gibt.
Diese Gesetze bekommen immer mehr Kraft. Sie sind auf das Recht des Volkes gebaut. Manchmal kommt durch eine schlechte Revolution eine

bessere Regierung. Aber dann soll es auch neue und bessere Gesetze geben. Bei einer Revolution gibt es immer Gewalttätige und Listige. Sie haben den alten Herrscher überwunden. Also können sie nicht mehr von ihm bestraft werden. Und nicht von seinen Gesetzen. Auch ein anderes Land kann schlecht regiert werden. Aber neue Gesetze machen es vielleicht schwächer. Dann kann man es leicht angreifen. Deshalb sollen erst einmal die alten Gesetze bleiben.

Die moralischen Politiker machen vielleicht Fehler. Aber sie lernen aus diesen Fehlern. Die politischen Moralisten wollen die Dinge nicht verbessern. Sie reden schlechte Dinge schön. Sie sagen, Menschen können nicht besser werden. So bleiben schlechte Dinge bestehen.

Manche klugen Staatsmänner sind klug, aber nicht nett. Sie wollen nur ihren eigenen Vorteil. Sie sagen der Regierung, was die selber denken. Sie denken nicht an andere Menschen. Sie würden alles verkaufen, wenn sie könnten. Das ist wie bei manchen Juristen. Sie wenden nur das Gesetz an. Sie denken nicht über neue Gesetze nach. Für sie ist immer das bestehende Gesetz am besten. Und dann sorgen sie für Ordnung.

Manche Leute sind sehr geschickt. Sie halten sich selbst für gut. Sie können über Gesetze eines Landes entscheiden. Sie kennen eine Menge Menschen. Aber sie kennen nicht den Menschen. Den Menschen im Allgemeinen kann man verändern. Dafür muss man einen höheren Standpunkt einnehmen.

Die Vernunft sagt uns: Wir müssen ungerechte Gesetze behalten, bis alles von selbst besser wird. Oder bis wir es friedlich besser machen können. Ein schlechtes Gesetz ist immer noch besser als gar kein Gesetz. Kein Gesetz führt zu Chaos. Das passiert, wenn wir zu schnell alles ändern wollen.

Die kluge Politik muss jetzt Reformen machen. Diese Reformen sollen den idealen Gesetzen ähneln. Aber natürliche Revolutionen sollen wir nur nutzen. Wir sollen sie nicht nutzen zum Unterdrücken von Menschen. Wir sollen sie für neue Gesetze nutzen. Diese Gesetze können dann auf Freiheit basieren. Das ist der einzige Weg zu dauerhaften und guten Gesetzen.

Mächtige Herrscher wollen lieber ohne groß nachzudenken Gesetze für Länder und Völker machen. Sie wollen es so machen wie immer. Aber bei diesen Gesetzen geht es um Freiheit und nicht mehr um Verbote. Ein Land braucht für Gerechtigkeit gute Gesetze. Solche Leute versuchen das ohne eine richtige Idee. Sie schauen nur wie es immer schon war. Oft sind aber die alten Gesetze nicht gerecht. Ihre Gesetze sind nicht ehrlich. Sie machen es nach unehrlichen Regeln. Zum Beispiel:

1. *Fac et excusa:* Mach' es einfach und entschuldige dich später dafür.

„Nutze die Chance, zu nehmen was dir nicht gehört. Du kannst es später noch erklären. Es ist sogar einfacher Gewalt zu erklären. Besonders wenn du schon Macht hast. Dann müssen dir die Leute folgen. Sie dürfen nicht widersprechen. Vorher etwas zu erklären finden ist viel schwerer. Es ist schwerer, auf Gegenargumente zu warten. Frechheit sieht aus wie echter Glaube an das Recht. Und später hilft oft das Glück, um Recht zu bekommen."

2. *Si fecisti, nega:* Wenn du etwas verbrochen hast, sag' einfach, das warst du nicht.

„Oder sag', die anderen haben nicht mitgemacht. Oder sage, es liegt an der Menschennatur. Menschen greifen oft zuerst an. Sonst greift der andere an und nimmt ihnen etwas weg."

3. *Divide et impera:* Teile und herrsche.

„Haben dich wichtige Leute zu ihrem Anführer gemacht? Dann bringe Streit zwischen sie und dem Volk. Hilf dem Volk und verspreche mehr Freiheit. Sag', die haben Schuld. Dann werden alle tun was du willst. Oder es geht um andere Länder? Dann bringe zwischen denen Unruhe.

Hilf‘ dem schwächeren Land. Dann herrschst du bald über das andere Land.“

Diese Tricks sind nicht geheim. Die meisten Herrscher kennen sie. Man muss sich nicht einmal dafür schämen. Es ist ja klar wie mies sie sind. Große Mächte schämen sich eh nicht vor dem Volk. Sie schämen sich nur vor anderen großen Mächten. Und auch nur bei einer Niederlage. Sie denken alle gleich über diese Tricks. Bei einem Sieg und der Vergrößerung ihrer Macht bekommen sie von anderen Ländern Respekt.

Manche Menschen denken, in uns liegt Böses. Andere sagen, das liegt an der Kultur. Die ist noch nicht weit genug. Im Umgang der Länder miteinander sieht man klar, wer gut und wer böse ist. In einem Land verstecken die Gesetze das Böse. Die Regierung ist stärker als der Wunsch der Menschen, sich gegenseitig weh zu tun. Die Regierung hilft, dass die Menschen das Recht achten. Jeder denkt, er würde das Recht achten, wenn alle anderen das auch tun. Die Regierung sorgt dafür, dass die Menschen das glauben. Das hilft den Menschen, moralisch zu sein. Sie achten das Recht, weil es richtig ist, nicht nur, weil andere es auch tun.

Jeder Mensch denkt, er ist gut. Aber er denkt, alle anderen sind schlecht. Sie sagen sich gegenseitig, dass sie nicht gut handeln. Warum das so ist, lassen wir offen. Trotzdem weiß jeder Mensch, dass er das Richtige tun sollte. Andere Menschen können machen, was sie wollen.

* * *

Das sind die Tricks von Schlangen. Man windet sich aus unehrlichen Absichten oder Krieg zu Macht und Erfolg. Aus diesen vielen Windungen vom Krieg zum Frieden sieht man: Menschen können nicht ohne das Recht leben. Das gilt für ihr eigenes Leben und für das öffentliche Leben. Sie können die Politik nur auf schlaue Pläne bauen. Zu was Anderem fehlt ihnen der Mut. Sie müssen aber dem Recht Respekt zeigen. Das sieht man besonders beim Recht zwischen Ländern. Manchmal finden Menschen ohne Ehre Ausreden für ihre Tricks. Dann zählt für sie nur ihre Macht. Das Recht spielt keine Rolle.

Die Mächtigen nutzen oft Gewalt statt Recht. Sie täuschen andere und sich selbst. Wie der politische Moralist. Er fängt da an, wo der moralische Politiker aufhört. Er spannt die Pferde hinter die Kutsche.

Der politische Moralist verfolgt nur seine Absichten. Er denkt zuerst an seine Ziele und macht danach die Gesetze dafür. So herum verhindert es vieles.

Der moralische Politiker sucht das wichtigste Ziel: das Ziel zum ewigen Frieden. Dann sucht er die Gesetze dazu. Man sollte es so herum machen. Nur dann kann man Politik und Moral zusammenbringen.
Wir müssen also vorher die Frage klären: Sollen wir bei praktischen Problemen zuerst vom Ziel ausgehen oder von den Gesetzen?
Die Regeln sagen:

„Handle wie es für alle am besten passt. Egal welches Ziel du hast."

Also: erst die Gesetze, dann das Ziel. Dann klappt es.

Dieses Prinzip ist ein Rechtsprinzip und immer nötig. Das andere Prinzip braucht man nur für ein Ziel. Das einzige Ziel sollte sein, den ewigen Frieden zu erreichen.
Das erste Prinzip (erst die Absicht, dann die Gesetze dazu machen) ist wie eine Aufgabe in der Kunst. Das zweite Prinzip (erst die Gesetze, dann die Absicht) ist wie eine Aufgabe in der Moral.
Sie sind sehr verschieden. Sie wollen beide den ewigen Frieden schaffen. Der ewige Frieden ist gut. Aber er beruht auf Pflicht und nicht auf Schlauheit.

Um seine Ziele mit Schlauheit zu erreichen, braucht man viel Wissen über die (menschliche) Natur. Die will man für den ewigen Frieden nutzen. Aber das Ergebnis ist zufällig. Egal ob man das Recht des Staates, der Länder oder der Weltbürger dazu niederschreibt.

Zum Beispiel: Was ist besser? Die Menschen mit Strenge oder mit Schmeichelei führen? Oder soll eine oder mehrere Personen das Sagen haben? Sollen besser Adelige oder das Volk die Macht haben? Und kann man die Menschen für lange Zeit im Land halten? Das ist nicht sicher. In der Geschichte sind die meisten dieser Arten zu regieren schlecht ausgegangen. Nur eine echte Republik ist anders. Aber so denkt nur ein sehr guter Politiker.

Ein Vertrag zwischen Ländern funktioniert nicht unbedingt. Denn oft sind diese Verträge nicht ehrlich gemeint. Wie man ein Land weise führt ist dagegen klar. Alle wissen das. Da sind komplizierte Pläne nicht nötig. Man sollte sein Ziel nicht mit Gewalt erreichen wollen. Man sollte sich zur richtigen Zeit dem Ziel vorsichtig nähern. Erst sollte man sich auf das Reich der Vernunft und Gerechtigkeit konzentrieren. Dann wird das Ziel von selbst kommen: die Wohltat des ewigen Friedens.

Moral ist wichtig, wenn es um Gesetze für alle geht. Moral sollte nicht nur auf Vorteile schauen. Dann passt sie oft besser für alle und was alle wirklich wollen. Alle Menschen zusammen können bestimmen was richtig ist. Wenn alle den gleichen Willen haben und danach handeln: Das ist das Ziel. Zum Beispiel sagt die Moral in der Politik: Ein Volk soll sich zu einem Staat zusammenschließen. Dabei sollen alle frei und gleich sein. Dieses Ziel geht nach Pflicht und nicht nach Schlauheit.
Manche Leute sagen: Die Natur der Menschen schwächt diese Regeln. Die Regeln werden nicht klappen. Sie reden über Beispiele von schlechten Regierungen aus alter und neuer Zeit.

Demokratien sollten ein Vertretungssystem haben. Manche Menschen erzählen das Gegenteil. Denen sollten wir nicht zuhören. Denn das ist eine schlechte Idee. Sie könnte das Problem erst schaffen. Sie könnte Menschen mit Maschinen vergleichen. Maschinen sind nicht frei.
Das würde Menschen also sehr unglücklich machen.

Es gibt einen bekannten Satz: „Es herrsche Gerechtigkeit. Dann gehen die schlauen Betrüger unter." Dieser Satz ist gut. Man soll also nicht schummeln oder Gewalt nutzen. Aber man darf ihn nicht falsch verstehen. Man soll nicht nur an seine eigenen Rechte denken.
Das wäre nicht richtig. Die Mächtigen sollen jedem sein Recht geben. Sie sollen niemanden bevorzugen oder benachteiligen. Dafür braucht ein Land gute Gesetze. Auch Länder untereinander brauchen gute Regeln. Dann können sie Streit lösen. Diese Regeln sollen wie in einem einzigen großen Staat gelten.

Dieser Satz sagt: Politische Regeln sollen nicht nach dem Erfolg schauen. Sie sollen nur auf Wohlstand und Glück ihres Landes achten. Sie sollten sich nach dem Recht richten. Das Recht sagt, was man tun soll. Es kommt von der Vernunft, nicht vom Wünschen. Es ist egal, was dann passiert. Die Welt wird nicht untergehen, weil es weniger böse Menschen gibt. Böses zerstört sich oft selbst. So wird das Gute langsam stärker.

* * *

Es gibt also eigentlich keinen echten Streit zwischen Moral und Politik. Nur zwischen einzelnen Menschen. Da unterscheidet sich das Gute vom Bösen. Manche Menschen denken nur an sich. Sie denken nicht mit Vernunft. Das ist nicht gut. Wir müssen stark sein. Wir müssen gegen das Böse in uns kämpfen. Wir dürfen nicht aufgeben.

Ein Moralist könnte sagen: Wenn Länder oder Leute sich bekämpfen, ist das nicht gut. Wenn beide Seiten nicht fair sind, sind beide selber schuld. Sie zerstören sich gegenseitig. Aber es werden immer genug Menschen übrigbleiben. So geht der Kampf immer weiter.
Später können andere daraus lernen.

Das Gute im Menschen geht nie weg. Wir wollen nach guten Regeln leben. Das wächst immer weiter. Aus den Erfahrungen wachsen

allgemeine Prinzipien. Daran kann man sich halten. Dann wird unsere Kultur immer besser. Aber manche machen auch Fehler. Es wird auch immer schlechte Wesen auf der Erde geben. Wir denken, es wird nie besser mit den Menschen. Aber das ist zu schwer für uns zu verstehen. Das kann nur eine höhere Macht verstehen und beurteilen.
Wir können das nicht erforschen.

Gute Gesetze wirken. Daran müssen wir glauben. Die Menschen im eigenen Land und die Länder untereinander sollen danach handeln. Auch wenn die Politik etwas anderes sagt. Gute Politik muss immer zuerst auf die Moral achten. Politik ist schwer. Aber Politik und Moral zusammenzubringen ist einfach. Denn Moral haut den Knoten entzwei, den die Politik nicht lösen kann.

Das Recht der Menschen muss heilig sein. Die Regierung muss es auf jeden Fall schützen. Man kann nicht Recht und eigenen Nutzen halb und halb benutzen. Die Politik darf nur dem Recht folgen. Das dauert. Aber sie wird dann für immer glänzen.

II. Wenn Politik und Moral zusammenpassen, geschieht echtes Recht.

Ich kann an das Recht denken und nicht an die verschiedenen Menschen. Dann fehlt etwas: Jeder muss sein Recht auch kennen. Dafür muss es bekannt gemacht werden. Sonst gibt es keine Gerechtigkeit. Man kann das leicht nachprüfen.

Kann man dafür nicht einfach ein Werkzeug finden? Das immer bei einer Handlung richtig oder falsch anzeigt? Kann man das erkennen, bevor es passiert? Das wäre vernünftig. Dafür kann man ein Experiment mit der Vernunft machen.

Nach der Erfahrung sind Menschen manchmal böse und brauchen deshalb Regeln. Mit denen kann man sie zwingen oder bestrafen. Dafür muss etwas aber schon passiert sein. Nach der Vernunft können Menschen auch böse werden. Aber es gibt eine Regel, um schlechte Dinge im Voraus zu vermeiden. Der Satz lautet etwa so:

„Ich will mit einer Absicht das Recht eines anderen Menschen verletzen. Ich würde das aber nie vor anderen Leuten tun: Dann ist es auf keinen Fall in Ordnung."

Dieses Prinzip gilt für gutes Benehmen und auch für das Recht. Böse Absichten kann ich nicht laut sagen und muss sie verheimlichen. Sonst gelingt mir das nicht. Denn jeder wird sofort dagegen sein. Das muss ich mir vorher überlegen. Dann ist klar: Die Absicht ist ungerecht und kann allen schaden. Dann mache ich es gar nicht erst.

Für diese Regel braucht man keine Einzelfälle. Man kann sich das bei jeder Absicht fragen. Wir wissen dann direkt ob es in Ordnung ist und was nicht. Es ist eine klare Regel und einfach zu benutzen. In der Praxis veröffentlicht man am besten solche Absichten.

Das sieht man an Beispielen aus dem Recht der Länder.

1. Was Recht in einem Land angeht (Staatsrecht).

Hier gibt es eine schwierige Frage: Wäre denn eine Revolution in Ordnung? Die Menschen haben bei einem schlechten Herrscher das Recht dazu. Der Herrscher hätte es verdient. Daran gibt es keinen Zweifel. Es wäre trotzdem falsch. Und wenn sie verlieren, werden sie hart bestraft. Dann können sie sich nicht beschweren. Denn dann gilt ja immer noch das Recht des Herrschers.

Man kann viel darüber diskutieren. Man kann versuchen, es genau zu erklären. Aber es gibt eine einfache Regel beim Recht der Länder: Bevor die Menschen einen Vertrag machen, sollen sie sich fragen: Würden sie gegen den Herrscher Gewalt auszuüben?

Man kann natürlich eine Regierung gründen und sagen, das Volk darf seinen Herrscher angreifen. Dann hat das Volk Macht über ihn. So kann man aber keine Regierung gründen. Das will das Volk aber eigentlich. Gewalt gegen den Herrscher ist also falsch. Denn wenn man das allen erzählt, wird es nicht mehr klappen. Oder man hält es geheim und nichts passiert.

Der Herrscher des Staates muss das nicht geheim halten. Er kann Unruhestifter sofort mit dem Tod bestrafen. Er kann sagen, so ist das Gesetz. Als stärkste Macht darf er das. Aber der Herrscher muss jeden einzelnen schützen können. Sonst darf er nicht befehlen. Wenn seine Pläne auffliegen, kann er seine Absicht nicht mehr verbergen. Dann gewinnen die Unruhestifter und der Anführer wird ein normaler Bürger. Er darf keinen neuen Aufstand starten. Er soll aber auch keine Strafe für seine frühere Regierung fürchten.

2. Was das Recht zwischen Ländern angeht (Völkerrecht).

Für Rechte braucht man Gesetze. Dann hat jeder Mensch gewisse Rechte. Und so auch das ganze Volk gegenüber anderen Völkern. Das heißt Völkerrecht.

Völkerrecht ist ein öffentliches Recht. Es sagt, was jeder bekommen soll. Es muss auf einem Vertrag basieren. Dieser Vertrag darf nicht auf Zwang beruhen. Er kann auf einer freiwilligen Zusammenarbeit beruhen. Ohne einen rechtlichen Zustand gibt es nur Privatrecht. Dann gibt es Streit zwischen Politik und Moral. Die Politik muss deshalb öffentlich sein.

So ein Vertrag zwischen Völkern soll sie im Frieden verbinden. Aber nicht bei Eroberungen. Sonst gibt es wieder Probleme zwischen Politik und Moral. Hier sind die Probleme und wie man sie löst:

a) Wenn ein Staat dem anderen etwas versprochen hat. Zum Beispiel Hilfe oder Land oder Geld.

b) Wenn ein Staatschef sein Versprechen nicht hält. Er sagt zum Beispiel: Ich bin zwei Personen, ein Herrscher und ein Ausführender. Der Herrscher muss niemandem Rechenschaft leisten. Der Ausführende muss dem Staat dienen. Dann sagt er einfach: Ich habe es dem Herrscher versprochen. Das gilt nicht.

So was sagt ein Herrscher eigentlich nie. Sonst würden andere Länder wegbleiben oder sich zusammentun und sich wehren. Also muss diese Art von Politik falsch sein.

c) Ein mächtiges Nachbarland macht einem anderen Land Angst.

Darf es das dann angreifen? Wenn ein Land Ja sagt, gibt es Probleme.

Ein starker Staat kann einen schwächeren Staat überlisten. Er muss nur schneller sein. Wenn schwächere Staaten sich zusammenschließen, hilft das wenig. Dann nimmt der starke Staat das kleine Land ein. Das bekommt jeder mit. Und niemand wird das gut finden. Deshalb versuchen es die großen Staaten heimlich zu machen. Denn es ist nicht gerecht.

d) Wenn ein Teil eines Staats vom Rest getrennt liegt, darf kein anderer Staat den kleinen einfach übernehmen. Wenn man diese Absicht laut sagt, würden kleine Staaten sich zusammenschließen oder andere starke Staaten würden loslegen und kämpfen. Wenn alle Bescheid wissen, funktioniert das nicht. Denn die Öffentlichkeit fände das gemein. Es zeigt, dass das nicht gerecht ist. Auch wenn es um etwas Kleines geht, kann es sehr ungerecht sein.

3. Über das Weltbürgerrecht spreche ich hier nicht. Denn wir sind alle Bürger der ganzen Welt. Unser Recht als Bürger der Welt ist wie das Völkerrecht. Es hat die gleichen Prinzipien. Man kann es leicht verstehen und bewerten.

* * *

Man sieht: Die Regeln des Völkerrechts passen nicht gut mit Öffentlichkeit zusammen. Wenn man politische Absichten vor allen Leuten erzählt, denken alle schnell, das ist so nicht okay. Denn Politik passt oft nicht mit Moral zusammen. Das muss man immer wieder prüfen.

Was ist aber die Voraussetzung für eine gerechte Welt? Dass von Anfang an Recht gilt.

Ohne diesen Zustand gibt es kein öffentliches Recht. Sonst macht jeder sein eigenes Recht. Aber ein Bund von friedlichen und freien Staaten ist

der einzige gerechte Zustand. Also kann Politik nur dann mit Moral übereinstimmen mit allen zusammen und mit festen Rechtsregeln. Alle klugen Pläne von Staaten müssen das Ziel haben, so einen Bund zu schaffen. Ohne dieses Ziel ist ihre Klugheit dumm und in Wirklichkeit eine Ungerechtigkeit. So eine falsche Politik hat ihre eigenen Tricks. Zum Beispiel schließen sie Verträge mit unklaren Worten. Die kann man dann so auslegen, wie man will.
Man kann zum Beispiel behaupten, man muss sich gegen einen bösen Staat wehren. Dann sammelt man Soldaten. Und dann nimmt man friedliche Staaten ein.

Ist es eine kleine Sünde, so einen kleinen Staat zu schlucken, wenn ein viel größerer Staat dadurch besser wird? Die Politik hat manchmal zwei Gesichter. Sie nutzt Moral für ihre Zwecke. Menschenliebe und Respekt für das Recht der Menschen sind Pflichten.

Menschenliebe ist eine Pflicht. Aber sie ist begrenzt. Beachtung für das Recht der Menschen ist eine unbedingte Pflicht. Man muss sicher sein, dass man diese Pflicht nicht verletzt. Vorher kann man sich nicht wohlfühlen.

Politik mit moralischen Absichten finden die meisten sofort in Ordnung. Da geben Menschen ihre Rechte an die Führenden ab. Aber die Politik muss sich auch dem Recht beugen. Beim Recht wollen sich Herrscher nicht gerne festlegen. Sie sagen lieber schnell: Es gibt keine festen Regeln. Ich meine es doch gut. Viele Herrscher haben aber Angst vor dem Licht der Öffentlichkeit und tun alles lieber heimlich. Doch Philosophen könnten diese Tricks aufdecken. Sie tun es, damit alles es hören und sehen können: durch Öffentlichkeit. Dafür muss die Politik natürlich den Philosophen auch Öffentlichkeit erlauben.

Ich schlage deshalb ein neues Prinzip für das öffentliche Recht vor.
Es sagt:

„Zu Recht und Politik muss man alle obersten Regeln offen aussprechen können. Dann werden sie wahr."

Wenn alle den Regeln zustimmen können, sind sie automatisch gut.
Diese Regeln sollen der Glückseligkeit der Menschen dienen.
Das muss das Ziel guter Politik sein. Wenn das Ziel nur durch Öffentlichkeit erreicht werden kann, müssen die Regeln auch zum Recht passen. So können alle ihre Ziele zusammen erreichen.

Ich muss irgendwann nochmal erklären, was dieses Prinzip genau bedeutet. Aber es kann nicht um gute oder schlechte Erfahrungen gehen. Es muss Prinzipien geben, die man vorher schon weiß.
Das ist jetzt hoffentlich klar geworden. Dieses Prinzip hat nichts mit Glück zu tun. Es schaut nur, ob etwas für alle gleich gilt.

Wenn wir die Pflicht haben und es möglich ist, ein gerechtes Zusammenleben zu schaffen, dann ist ewiger Frieden kein Traum.
Es ist eine Aufgabe. Wir können sie Schritt für Schritt lösen.
Wir kommen dem Ziel immer näher. Vor allem wenn wir schneller werden.

Impressum

Bibliografische Information der Deutschen Nationalbibliothek: Die Deutsche Nationalbibliothek verzeichnet diese Publikation in der Deutschen Nationalbibliografie; detaillierte bibliografische Daten sind im Internet über dnb.dnb.de abrufbar.

ISBN 978-3-911420-03-7

Kontakt: welcome@aibo-publishing.de
www.aibo-publishing.de

Text in Einfacher Sprache: Dr. Patrick Krause
Design: Andreas Stobbe
Druck: Libri Plureos GmbH, Friedensallee 273, 22763 Hamburg

Mit freundlicher Unterstützung von Eye-Able (eye-able.com).

Wir danken Tobias Kolbe für seine Anregung im Kapitel „I. Über moralische und politische Absichten beim ewigen Frieden – und wo sie nicht zusammenpassen.“

Welt-Literatur in Einfacher Sprache

Wir wollen, dass alle Menschen Bücher lesen können.
Auch Menschen, die Probleme beim Lesen haben.
Wir benutzen Einfache und Leichte Sprache.
So können mehr Menschen bekannte Bücher verstehen.

Wir werden viele Bücher in Einfacher Sprache machen.
Wir wollen dafür Computer-Programme nutzen.
Experten werden die Texte dann prüfen.
Sie machen die Texte besser und leichter zu verstehen.
Menschen, die schwer lesen, sollen die Texte testen.
Ihre Meinung ist wichtig.
So wissen wir, ob die Texte gut sind.

Unser Ziel ist es, dass alle Menschen Bücher lesen können.
Jeder soll Bücher der Welt genießen können.
Egal, ob jemand Probleme mit Sprache hat oder nicht.
Unsere Arbeit hilft dabei, dass mehr Menschen Kultur und Bildung bekommen.

Deshalb bringen wir viele Bücher in Einfacher und Leichter Sprache raus, zum Beispiel die auf den folgenden Seiten...

Theodor Fontane – Effi Briest

Theodor Fontanes bekanntester Roman erscheint zum ersten Mal in Einfacher Sprache. Er entspricht weitgehend der Norm DIN 8581-1. Der Inhalt ist auch typografisch besonders lesefreundlich gestaltet. Das Buch eignet sich für Leserinnen und Leser mit eingeschränkter Lesefähigkeit (LRS) oder Deutsch als Zweitsprache. So können möglichst alle einen der berühmtesten deutschen Romane mit Genuss lesen und verstehen.

„Effi Briest“ handelt von Liebe und Freiheit. Eine junge Frau wird früh verheiratet. Sie ist hin- und hergerissen zwischen ihren Gefühlen und den strengen Regeln der Gesellschaft. Ihre Neugier und Lebensfreude ist ihr Schicksal. Sie steht zwischen zwei Männern. Diese liefern sich ein Duell. Das ist eigentlich nicht mehr zeitgemäß. Aber sie kennen keine anderen Prinzipien als die alten.

Der Roman spielt in Deutschland im 19. Jahrhundert. Man kann ihn mit dem russischen Roman „Anna Karenina“ oder der französischen „Madame Bovary“ vergleichen. „Effi Briest“ wurde weltberühmt und öfter verfilmt. Theodor Fontane gilt als Vertreter des poetischen Realismus.

Ausgabe als Taschenbuch
288 Seiten
ISBN 978-3-9826254-7-8
Bestellbar unter https://t.ly/KhmMK

Johann Wolfgang von Goethe – Die Leiden des jungen Werther

Goethes berühmter Briefroman erscheint bei aibo zum ersten Mal in Einfacher Sprache. Der Text entspricht weitgehend der Norm DIN 8581-1. Der Inhalt ist typografisch besonders lesefreundlich gestaltet. Das Buch eignet sich auch für Leserinnen und Leser mit eingeschränkter Lesefähigkeit (LRS) oder Deutsch als Zweitsprache.

Der „Werther" war Goethes erster Roman.

Er wurde sofort ein Bestseller in ganz Europa. Goethe war da 25 Jahre alt und unglücklich verliebt. Er schrieb den Roman in Briefen. Goethes Held Werther schildert in jedem Brief seine unglücklichen Gefühle.

Werther ist in eine verlobte Frau verliebt. Sie heißt Lotte.
Lotte erwidert seine Gefühle. Aber es ist für die beiden zu spät.
Werther darf seine stürmische Liebe nicht zeigen.
Das bringt ihn zur Verzweiflung. Werther wird zum Außenseiter.
Und Lotte spielt mit seinen Gefühlen. Das ist alles zu viel für ihn …

Ausgabe als Taschenbuch
110 Seiten
ISBN 978-3-911420-07-5
Bestellbar unter https://t.ly/seqL5

Edgar Allan Poe – Der Untergang des Hauses Usher und andere Kurzgeschichten

Eine Auswahl von Poes Kurzgeschichten erscheint hier in Einfacher Sprache. Der Text entspricht weitgehend der Norm DIN 8581-1. Der Inhalt ist typografisch besonders lesefreundlich gestaltet. Das Buch eignet sich auch für Leserinnen und Leser mit eingeschränkter Lesefähigkeit (LRS) oder Deutsch als Zweitsprache.

Der amerikanische Schriftsteller Edgar Allan Poe wurde mit seinen Gedichten und Schauergeschichten berühmt. In diesem Band sind seine bekannten Kurzgeschichten versammelt. Sie handeln von Menschen und ihren merkwürdigen Schicksalen. Sie erleben fast unmögliche Dinge. Mal scheinen sie selbst dafür verantwortlich zu sein. Mal erleben sie nahezu gespenstische Dinge. Mörder erzählen ihre eigene Geschichte. Detektive decken eine scheinbar unmögliche Begebenheit auf … und sogar Seemannsgarn kann bei Edgar Allan Poe wie Horror klingen. Bekannt wurde auch die Vertonung einiger „Erzählungen voller Geheimnisse und Fantasie“ („Tales of Mystery and Imagination“) vom Musiker Alan Parsons in den Siebziger Jahren. Poe gilt als einer der Väter des „Mystery Thrillers“.

Ausgabe als Taschenbuch
130 Seiten
ISBN 978-3-911420-12-9
Bestellbar unter https://t.ly/wjw8H

Franz Kafka – Ein Landarzt Kleine Erzählungen Die Verwandlung

„Ein Landarzt“ ist eine berühmte Sammlung von Kafkas Erzählungen, „Die Verwandlung“ seine berühmteste. Franz Kafkas selbst autorisierte Erzählungen erscheinen im Kafka-Jahr 2024 in Einfacher Sprache. Der Inhalt ist typografisch besonders lesefreundlich gestaltet. Das Buch eignet sich für Leserinnen und Leser mit Deutsch als Zweitsprache sowie eingeschränkter Lesefähigkeit (LRS).

In dieser Sammlung können sich die Leser Schritt für Schritt Franz Kafkas Erzählkunst von kurzen Miniaturen bis zur großen Erzählung nähern: Ein Rechtsanwalt heißt wie das Pferd des griechischen Königs Alexander der Große. Scheint er deshalb auch zu reiten? Eine Kunstreiterin reitet scheinbar ewig im Kreis. Ein Bote kommt nie an. Ein Türhüter lässt jemanden ein Leben lang nicht ein, obwohl die Tür nur für ihn da war. Ein Tier verwandelt sich zum Überleben in einen Menschen. Und ein Mensch in ein Tier. Ein Vater ist mit allen seinen elf Söhnen unzufrieden. Und Joseph K. träumt …

Ausgabe als Taschenbuch
98 Seiten
ISBN 978-3-911420-16-7
Bestellbar unter https://t.ly/4GIVt

Jacob und Wilhelm Grimm – Deutsche Märchen

Der amerikanische Psychologe Joseph Campbell analysierte etliche Mythen und Märchen der Welt und fand überall die gleichen Themen: die Fragen und Bedürfnisse der menschlichen Seele. Das gilt auch für die Märchen der Brüder Grimm. Deshalb sind sie heute noch aktuell.

Märchen sind Geschichten zum Weitererzählen. Die Kinder- und Hausmärchen der Brüder Grimm erschienen zwischen 1812 und 1858. Erst sammelten die Romantiker Clemens Brentano, Achim von Arnim und Johann Friedrich Reichardt lauter Liedtexte für ihren Sammelband „Des Knaben Wunderhorn". Dann sollten die Brüder Grimm ihr Werk fortsetzen. Jacob und Wilhelm Grimm sammelten hunderte deutsche Volksmärchen und schrieben sie in einheitlichem Stil nieder.
Mit ihren mehr als 200 Geschichten schufen die Gebrüder Grimm eine eigene deutsche Mythologie. Ihre Märchen wurden bald in allen deutschen Haushalten vorgelesen. Die Parabeln enthalten unzählige Lehren.

Diese Auswahl von „Grimms Märchen" erscheinen hier in Einfacher Sprache. Der Text entspricht weitgehend der Norm DIN 8581-1.
Der Inhalt ist typografisch besonders lesefreundlich gestaltet und reich bebildert.

Ausgabe als Taschenbuch
140 Seiten
ISBN 978-3-911420-21-1
Bestellbar unter https://t.ly/5k6tL

Lewis Carroll – Alice im Wunderland

Nonsens, Satire und logische Verdrehungen: Seit 160 Jahren begeistert Lewis Carrolls fantasievolle Kindergeschichte „Alice im Wunderland" Kinder, Eltern sowie Vertreter von Kunst, Literatur und Popkultur. Die Abenteuer und Begegnungen der kleinen Alice nach ihrem Sprung in den Kaninchenbau haben schon kurz nach ihrer Erscheinung Oscar Wilde, Queen Victoria und später die Surrealisten, James Joyce oder auch John Lennon fasziniert. Im sittenstrengen 19. Jahrhundert war es außer der Norm, einmal alle Regeln der Wissenschaften und der Vernunft auf den Kopf zu stellen; und gerade deshalb wurde das bunt illustrierte „Alice im Wunderland" wohl zu solch einem Erfolg.

Der vielseitige Lewis Carroll wurde schon als Kind als Genie gehandelt, war in Mathematik wie in Theologie bewandert. Auch die Fotografie fesselte ihn. Beruflich wurde er Diakon. Bei einer Bootsfahrt auf der Themse zwangen ihn die Kinder seines Dekans - unter ihnen Alice Liddell – eine Geschichte zu erzählen und buchstäblich immer weiter zu spinnen. So entstand „Alice im Wunderland", eines der erfolgreichsten Kinderbücher aller Zeiten.

Der Inhalt ist mit digitalen Illustrationen reich bebildert.

Ausgabe als Taschenbuch
136 Seiten
ISBN 978-3-911420-23-5
Bestellbar unter https://t.ly/-MCY0

Thomas Mann – Der Tod in Venedig

Gustav von Aschenbach ist ein bekannter Schriftsteller.
Er lebt sehr diszipliniert und für seine Arbeit.
Auf einer Reise nach Venedig begegnet er dem Jungen Tadzio.
Aschenbach bewundert seine Schönheit.
Er denkt über Kunst, Leben und Vergänglichkeit nach.
Die Bewunderung verändert ihn. Er verliert seine innere Ordnung.
In Venedig breitet sich eine gefährliche Krankheit aus.
Viele Menschen reisen ab. Aschenbach bleibt.
Die Geschichte handelt von:
- Schönheit und Vergänglichkeit,
- Vernunft und Gefühl,
- Leben und Tod.

„Der Tod in Venedig" ist eine stille, nachdenkliche Geschichte.
Sie zeigt, wohin Gefühle einen Menschen führen können.

Dieses Buch erscheint zum allerersten Mal in Einfacher Sprache.
Der Text entspricht weitgehend der Norm DIN 8581-1.
Der Inhalt ist typografisch besonders lesefreundlich gestaltet.
Das Buch eignet sich auch für:
- Leser und Leserinnen mit eingeschränkter Lesefähigkeit (LRS),
- Menschen mit Deutsch als Zweitsprache.

Ausgabe als Taschenbuch
124 Seiten
ISBN 978-3-911420-56-3
Bestellbar unter https://t.ly/bdFJv